天津市哲学社会科学研究规划项目 TJYJ18-022

发展中国家经济发展根源新探

——一种货币的角度

程晶蓉　著

南开大学出版社

天　津

图书在版编目(CIP)数据

发展中国家经济发展根源新探：一种货币的角度 /
程晶蓉著. —天津：南开大学出版社，2022.4(2023.9 重印)
ISBN 978-7-310-06262-1

Ⅰ.①发… Ⅱ.①程… Ⅲ.①发展中国家－经济发展
－研究 Ⅳ.①F112.1

中国版本图书馆 CIP 数据核字(2021)第 278522 号

发展中国家经济发展根源新探——一种货币的角度
FAZHAN ZHONG GUOJIA JINGJI FAZHAN GENYUAN XINTAN
——YIZHONG HUOBI DE JIAODU

南开大学出版社出版发行
出版人：陈　敬
地址：天津市南开区卫津路 94 号　　邮政编码：300071
营销部电话：(022)23508339　营销部传真：(022)23508542
https://nkup.nankai.edu.cn

天津创先河普业印刷有限公司印刷　全国各地新华书店经销
2022 年 4 月第 1 版　　2023 年 9 月第 2 次印刷
230×170 毫米　16 开本　11.5 印张　196 千字
定价：60.00 元

如遇图书印装质量问题,请与本社营销部联系调换,电话：(022)23508339

前　言

　　近半个世纪以来，发展中国家的经济发展问题一直让经济学家们魂牵梦绕。不同的分析思路和理论派别从不同的角度出发，使发展经济学理论呈现出百家争鸣的态势。总体而言，大部分经济学家的分析都是建立在主流的新古典分析方法之上，从边际生产力角度出发，研究如何提高要素的生产率，增加要素的边际产品，从而促进发展中国家的经济发展。

　　有别于主流发展经济学建立在新古典实物量值总量生产函数基础上的研究，本书试图从货币经济的角度，从一种新的货币量值的总量生产函数着手，通过对市场经济本质的分析，指出发展中国家经济发展的本质是实行货币化；而解决发展中国家经济最核心的问题——有效需求不足的根本途径在于通过建立适当的货币金融体系，促进货币供给的增加，从而加速名义国内生产总值（Gross Domestic Product，GDP，下同）的增长速度，并同时调节不合理的产业结构，促进农村劳动力向非农产业转移，增加农民收入，进而通过提高工资总额在 GDP 中的比重调整扭曲的企业成本结构和收入分配结构。

　　沿着上述理论的分析思路，本书通过六章的内容进行详细阐述。

　　绪论主要交代清楚论题提出的时代背景和理论背景、逻辑结构与分析框架以及研究方法与创新之处。

　　第一章在对主流新古典实物量值的总量生产函数在理论推理上的逻辑错误和在实际运用中导致的失误进行详细分析的基础上，提出一种新的货币量值的生产函数以及进行货币量值生产函数下的供求分析。

　　第二章在对建立在新古典分析方法之上的主流发展经济学理论关于发展中国家经济发展实质问题的主要观点进行评述的基础上，提出发展中国家经济发展的实质是进行货币化的观点。

　　第三章通过对发展中国家经济发展历程的简单回顾，揭出有效需求问题才是发展中国家经济发展最核心的问题。在此基础上详细分析发展中国家有效需求不足的原因，提出导致有效需求不足的根本原因在于经济中企业成本结构和收入分配结构的扭曲，即可变成本与固定成本相比过低以及工资性收入与非工资性收入相比过低，或者说是资本存量相对于收入流量过高以及收入分配中非工资收入的比重过高的观点。

第四章在上一章的基础上，探讨解决发展中国家有效需求不足和经济衰退问题的根本途径，最终得出结论：只有通过采用扩张性经济政策带动名义 GDP 快速发展的同时调整不合理的产业结构，加速农村剩余劳动力转移，增加农民收入，进而提高工资总额在国民收入中的比重，使经济中企业的成本结构和收入分配结构合理化，才能解决有效需求和经济衰退问题。

第五章在上一章的基础上，继续探讨如何加速名义 GDP 增长的问题。本书认为，由于市场经济的本质是货币经济，经济增长率的高低是和特定的货币金融体系和其稳定状态相联系的。因此，当今发展中国家经济发展的根本途径在于建立一个适当的稳定的金融体系。

目　录

绪　论

第一节　问题的提出与研究内容

第二次世界大战以后，许多殖民地国家虽然获得了民族解放和政治独立，但是并没有完全取得经济上的"独立"。由于长期的殖民统治和战乱的影响，当时的发展中国家百废待兴，与需求相比较，供给严重不足。因此，经济学家和发展中国家的政府官员们都一致认为，发展中国家需要应对的主要问题是供给不足的问题，必须尽一切努力增加供给、摆脱短缺。至于如何增加供给，经济学家们大多是从主流新古典发展经济学的分析方法出发，即从新古典实物量值的总量生产函数 $Q = F(L, K)$ 出发，认为增加社会产品和实际 GDP 的办法应包括：通过资本积累增加资本量 K，通过农村剩余劳动力转移增加劳动力 L 和通过技术进步提高资本与劳动的利用效率。

但仔细研究就会发现，主流发展经济学的研究基础，即新古典实物量值的总量生产函数本身就存在着严重的逻辑错误。首先，新古典总量生产函数存在利润率（利率）的边际决定与资本计量的循环论证的问题。具体而言，资本的价格取决于资本供给与需求的均衡，资本的供给决定于储蓄，资本的需求决定于资本的边际生产率，供求均衡时的利润率（利率）恰好等于产量对资本的导数即资本的边际生产率。[①]这就要求资本的数量独立于利润率而预先得到确定；但是资本本身并不能独立于分配而预先确定，随着工资率的变化，利润率变化，相对价格会产生变化，相对价格的变化会引起对资本价值的重新估值，可见，资本价值量本身的多少取决于工资率或利润率的配比，资本量是利润率或工资率的一个函数，[②]因此，利用资本的边际生产率来求解利润率（利率）就产生了逻辑上的循环论证，即已

---

① 在新古典竞争均衡条件下，利润率又被看作利息率。

② 有关这个问题的论述李嘉图最早涉及，威克塞尔（1893）较早也做了说明，后来罗宾逊（1956）、斯拉法（1960）等经济学家都进行了有说服力的论证。

知利率（r）求资本（K），再通过资本求利率的循环。其次，新古典总量生产函数存在着加总难题。具体而言，对于异质的各种商品实物数量的加总是不可能或不具有任何意义的。

当把这种本身存在着严重逻辑错误的新古典总量生产函数运用到发展中国家经济发展的埋论与实践中就会导致政策的失误和经济发展逐渐步入歧途。对于发展中国家的经济发展来说，虽然资本积累、劳动力转移和技术进步可以使社会产品增加，但经济学家们却忽略了生产出来的产品只有销售出去才具有意义这一关键问题，也就是说，实际上发展中国家发展的实质应该是让本国人民能够有足够的货币收入去购买商品，而不是通过各种手段生产出大量的积压品。大规模扩张生产的结果非但不能使发展中国家在短期内追上西方发达国家的经济水平，反而只能使各国经济在快速发展几年或十几年之后迅速下滑，发生不同程度的经济衰退。20 世纪 60 年代以后发展中国家的实际经济情况也印证了这一点。从 20 世纪 60 年代开始，不少坚持供给导向发展战略的发展中国家发现，在本国经济尚未走出不发达境地之前，已经面临严重的生产能力过剩问题。正如吉利斯等人所言，"低收入国家尽管资本稀缺，但现有的资本设备仍然常常得不到充分的利用。在许多国家，工厂的生产能力利用率仅为 30%－60%。轮班工作是罕见的，拖拉机闲置在田间，推土机停放在路旁。如果能够找到某种方法提高资本的利用率，并将那些闲置的资本投入使用，那么，即使没有新投资的发生与投产，在短期内对劳动力的需求也会明显地增加。不尽如人意的是，如此诱人的前景却难以实现"。①

面对发展中国家短暂繁荣之后的普遍衰退问题，发展经济学家们逐渐意识到有效需求问题的严重性。但问题是，他们并没有仔细研究这种有效需求问题产生的根本原因，而是直接照搬西方发达国家的经济政策，以新古典化的凯恩斯主义理论为指导，主张采用扩张性的财政政策和货币政策来提高总需求。发展中国家经济发展的事实表明，这种提高总需求的扩张性经济政策虽然在短期内起到了一定的效果，阻止了经济增长率的进一步下滑，但是由于没有解决有效需求问题产生的根源，反而将发展中国家引入巨大的贫富差距的泥潭以及更长时期、更严重的衰退，甚至导致了滞胀的产生。

---

① 马尔科姆·吉利斯，等. 发展经济学[M]. 北京：中国人民大学出版社，1998：235.

那么，究竟发展中国家经济发展的实质是什么？我们应当如何理解发展中国家巨大的贫富差距问题？我们又应当如何解决现今发展中国家由有效需求不足问题带来的严重的经济衰退，甚至是滞胀问题？针对这些问题，本书试图站在一个货币经济的角度，从一种新的货币量值的总量生产函数着手，通过对市场经济本质的分析，指出发展中国家经济发展的本质是实行货币化；解决发展中国家最核心的问题——有效需求不足的根本途径在于通过建立适当的货币金融体系，促进货币供给的增加，从而加速名义 GDP 的增长速度，并同时调节不合理的产业结构，促进农村劳动力向非农产业转移，增加农民收入，进而通过提高工资总额在 GDP 中的比重，调整扭曲的企业成本结构和收入分配结构。

第二节　逻辑结构与分析框架

本书的研究内容共分六章。绪论这一章主要交代清楚这样几个问题：论题提出的时代背景和理论背景；在对论题研究内容展开的过程中，重点阐述自己的研究视角，包括基本假设和主要结论；论题的研究方法以及本书主要创新之处等。

第一章，发展经济学研究基础质疑与货币量值生产函数。本章设计三小节内容来分析主流新古典实物量值的总量生产函数在理论推理上的逻辑错误和在实际运用中导致的失误，并在此基础上提出一种新的货币量值的生产函数以及进行货币量值生产函数下的供求分析。

第二章，发展中国家经济发展的实质。本章设计四小节内容来探讨发展中国家经济发展的本质问题。正如上一章所述，现代主流发展经济学家大都把发展经济学研究建立在新古典总量生产函数基础上，在他们看来，经济增长主要是指实际 GDP 的增长，而所谓的实际 GDP 的增长是指扣除物价因素，单纯的社会产品的增加，因此他们偏重于对于生产力的研究，关注的是如何增加发展中国家的社会产品，认为只要有了产品，经济就会发展起来。既然总量生产函数为 $Y = Q = F(L, K)$，那么增加社会产品，也就是增加实际 GDP 的办法就应该包括：增加资本量 K，增加劳动力 L 和提高资本与劳动的利用效率。本章笔者首先对将以上三种途径作为发展本质的经济理论进行评述，然后在此基础上提出发展中国家经济发展的实质是进行货币化的结论。

第三章，发展中国家经济发展的核心问题——有效需求问题。本章设计三小节内容来分析发展中国家的有效需求问题。

第四章，有效需求问题解决的突破口——农村剩余劳动力转移。在前一章中，我们指出，有效需求问题是发展中国家经济发展的核心问题，因此本章着重讨论应该如何解决这一问题。

第五章，发展中国家经济发展的根本途径——金融深化。按照上一章的分析，解决发展中国家经济衰退和有效需求不足的根本途径在于加速农村剩余劳动力的转移，而这种转移要靠采取扩张性政策提高经济增长率的同时调节产业结构减少经济波动来实现。正如在第二章中所述，市场经济的本质是货币经济，经济增长率的高低是和特定的货币金融体系和其稳定状态相联系的。因此，当今发展中国家经济发展的根本途径在于建立一个适当的稳定的金融体系。本章就针对发展中国家应当建立一个怎样的货币金融体系进行探讨。

第一章 发展经济学研究基础质疑与货币量值生产函数

第一节 发展经济学研究基础质疑

第二次世界大战以后，许多殖民地国家虽然获得了民族解放和政治独立，但由于它们尚未完全摆脱对发达国家的经济依赖，而并没有完全取得经济上的"独立"。在这种情况下，如何使发展中国家尽快摆脱不发达的状态这一问题一度让经济学家和政治家魂牵梦绕。正如刘易斯 1984 年在美国经济协会会长就职演说中所言："经济学家梦想能创造出一个简单的经济增长模式，使欠发达国家从人均收入 100 美元左右的起点，经过 2000 美元的分界线，最后达到并超过西欧的人均收入水平。"那么，如何才能让这些发展中国家摆脱不发达状态、进入发达状态呢？针对这个问题，20 世纪四五十年代产生了经济学一个重要的分支——发展经济学。

在半个多世纪的时间里，发展经济学家对于发展中国家的经济发展问题从各个角度进行研究。1991 年托达略总结发展经济学理论主要包括十方面的内容：第一，经济增长理论，如各种经济增长模型和增长要素；第二，收入分配理论，如库兹涅茨的"倒 U"理论、"边增长边分配"理论、"维持最低生活费用"理论；第三，资本积累理论，如"大推动"理论、"两缺口"理论；第四，人力资本理论，如教育对经济增长的关系、"劳动素质核心论"；第五，工业化道路理论，如二元经济理论；第六，技术进步理论，如劳动或资本密集技术、先进或适用技术理论等；第七，人口转移理论，如刘易斯的绝对收入差别理论、托达略的预期收益理论、乔根森的预期收益率理论；第八，平衡与非平衡理论，如"恶性循环论"，前或后向联系论；第九，国际贸易理论，如进出口导向、进出口替代理论；第十，宏观调节理论，如国家或市场调节理论、财税或货币调节理论，等等。这十个方面的问题支撑着发展经济学的框架，其核心是阐述如何使落后的发展中国家通过工业化等各种途径上升为发达国家。

虽然对于发展中国家经济应该如何发展的问题，发展经济学家们仁者见仁，智者见智，并且不同分析思路和理论派别的冲突与纷争使发展经济学理论呈现出百家争鸣的态势。但总体而言，大部分经济学家的分析都是建立在主流的新古典分析方法之上，从边际生产力角度出发，研究如何提高要素的生产率，增加要素的边际产品，从而促进发展中国家的经济发展。也就是说，发展经济学家关注的焦点集中在如何增加发展中国家的实物产品之上。但实际上，这些理论分析自身往往存在着诸多的逻辑混乱。

例如，诺贝尔经济学奖获得者刘易斯提出的二元结构理论和劳动力转移模型认为，在发展中国家存在着传统农业部门和现代工业部门两个截然不同的经济部门，农业部门存在剩余的劳动力，其边际产品为零，工资率只能是生存工资；而现代工业部门由于具有更高的劳动生产率，其劳动的边际产品大于生存工资，因此不断吸引农业人口流入。随着工业部门的资本不断积累，农业部门劳动力向工业部门的转移，工业部门劳动的边际产品逐渐降低，直到两个部门劳动的边际产品相等为止。可见，在刘易斯看来，农业劳动力向工业部门的转移取决于劳动的边际产品，只要工业部门劳动的边际产品大于农业部门劳动的边际产品，劳动力转移就不会停止。而产生农业部门和工业部门边际产品差异的原因在于两个部门的劳动生产率不同。但实际上，刘易斯的这种二元经济模型只能适用于单一产品的实物经济中，而不能适用于存在异质品的货币经济。这是因为，首先，刘易斯模型中的边际产品是一个实物的概念，而农业部门和工业部门的产品是异质的，不可能是同质的，那么它们是如何进行比较的呢？这显然是不可能的。其次，既然模型中的边际产品是实物的概念，那么相对应的工资就应该是实物工资而不是货币工资，而实际上转移到工业部门的农民消费的粮食及其他商品并不是他们自己从农村带来的，而是在城市中购买的，也就是说，厂商支付给工人的和工人用于购买商品的均是货币工资，因此，驱动劳动力由农业部门向工业部门转移的不可能是因为工业部门比农业部门的劳动边际产品更大，而只可能是因为工业部门能够比农业部门获得更高的劳动货币收入，即劳动的边际产品价值，或者说是劳动的边际产品与价格水平的乘积。由此可见，刘易斯的二元经济模型中存在着严重的逻辑错误。

又如，对于在发展中国家应该发展哪种产业这一问题的回答，大部分发展经济学家认为应该发展劳动密集型产业，并且提出了先进或适用技术理论，也就是说，先进的技术未必是适用的技术，由于发展中国家大多是劳动力过剩，因此，劳动的边际产品应该是大于资本的边际产品，那么要使整个经济发展就必然要发展劳动密集型技术的产业。但是，在这里，发展经济学家们似乎忽略了企业生产的目的和有效需求的问题。企业进行生产的目的是进行销售实现利润，只有把产品销售出去，企业才能实现利润，才能给工人发工资，然后工人拿着货币工资再去购买商品，企业的利润再次实现，这样生产才能继续下去；而如果产品销售不出去，企业利润便无法实现，从而无法给工人发工资，工人也就没有货币去购买商品，这样企业的利润就会更加无法实现，形成一个恶性循环，使企业生产无法继续维持下去。可见，经济的发展实际上与技术究竟是先进的还是落后的，是资本密集型的还是劳动密集型的根本无关，经济发展最重要的是商品能够卖得出去，也就是说，经济发展的核心是有效需求问题，只要工人有足够的货币工资购买商品，经济就能健康发展。

仔细研究主流发展经济学理论就会发现，诸如此类的反映其内在逻辑混乱与错误例子还有很多，而这些混乱和错误产生的根本原因就在于其研究所建立的基础——新古典宏观经济学本身存在着诸多的逻辑混乱和错误。新古典宏观经济学的基本命题是给定资源的有效配置问题，其核心是生产函数的投入产出分析，这一点构成了实物经济分析的基础。目前的主流发展经济学正是完全建立在这一基础上，试图采用这种实物经济的方法分析所有的发展中国家经济发展的现实问题。但这种分析方法却把发展中国家的经济发展引入"歧途"。

第二节 新古典生产函数及其错误

1.2.1 新古典生产函数

正如上一节所述，主流发展经济学对发展中国家经济发展问题的研究与分析是完全建立在由技术关系决定的新古典总量生产函数的基础之上的。而这种总量生产函数的概念是来自微观经济学中厂商理论的生产函数的"加总"。

新古典微观生产函数是指在现行的可以自由运用的有关投入与产出之间关系的技术知识条件下，从技术上可行的各种实物投入组合中能够得到的实物产出的最大值。其中一个严格假设即厂商追求利润最大化，这样，传统的厂商理论通过边际生产力方程的变换来求取投入需求函数。新古典经济学对生产者行为建立经济模型的传统方法，都是从假设生产函数是可加的和齐次的开始。在这些限制条件下，需求函数和供给函数可以很明显地从生产函数和生产者均衡的必要条件中推导出来。因此，投入需求函数和产出供给函数的特点取决于生产函数的特殊性质。通常给出的生产函数形式为 $Q = f(L, K)$，其中 Q 为在一定技术条件下使用劳动和资本得到的最大产量，L 为劳动力投入量，K 为资本投入量。在这一生产函数中，技术决定生产中投入和产出的比例，收入分配是根据技术决定的要素投入各自得到自己的边际产品。

新古典宏观经济学家将这种微观生产函数借用过来并且发扬光大，构建了总量生产函数 $Y = F(L, K)$，其中 Y 表示全部产品的数量，如果单位产品的价格不变，那么，这里的 Y 也可以代表国民生产总值，K 表示固定资本投入，L 表示劳动力数量。在这里，技术被假定为中性的，以致资本产出比率能够随着资本劳动比率的提高而保持不变，劳动力与资本按照他们所创造的边际产品获得收入分配。

然而，这种将微观经济学中正确的概念与定理扩展到宏观经济学后是否仍然可以保持其正确性和逻辑一致性的问题仍需商榷。

比如，在新古典生产函数中，资本是作为与土地、劳动并列的一种生产要素存在的，这里的资本指的是实物的机器设备。但是，实际上，资本只是一笔预付的货币，用来购买劳动力和资本品，同时由于资本品是过去的劳动生产的，从而资本品只是过去预付的工资，这里并不存在新古典作为生产要素的资本。另一方面，在国民收入核算体系中并不存在土地这样的生产要素，地产价值被计入资本存量里面。统计表明，地产在总资本中的比重在长期是稳定的，土地价格是随经济增长率稳定上升的。这与新古典的实物资本和资本积累概念是格格不入的。在现实国民收入核算体系中，当资本不是机器时，新古典就失去了解释力。

再比如，索洛在 1956 年的《技术变动与总量生产函数》一文中，采用总量生产函数对美国的经验统计资料进行分析，他假设劳动数量不变，将技术进步作为余数，从而把技术变动和资本积累对产出增长的作用分离开来，并由此得出结论：产出的增长主要取决于技术进步，而资本增长所起的作用是有限的。但实际上，这种用总量生产函数的余数法测量技术进步所表明的只是新古典理论与现实的误差。余数法作为一种经济增长因素的分析，如果用在劳动或自然资源上似乎是无可非议的。然而，如果把这种分析用在资本上，问题就不是如此简单了。这是因为，在分析中假设劳动投入不变，在增加的产出中划分技术进步与资本的贡献是困难的，资本的增加必然使劳动与资本的替代弹性与产出弹性发生变动。这种非体现的技术进步构成了新古典增长理论分析的基础，并用于阐述新古典的主要命题。索洛、米德、萨缪尔森等人正是用这种分析方法来阐述新古典的收入分配、技术选择等问题，甚至用于解释卡尔多程式化事实。①这已经不是估算的误差问题，而是一种逻辑上的错误。②

由此可见，新古典总量生产函数理论虽然在逻辑上是优美的或无可挑剔的，但这只限于抽象的命题而不是对现实的解释，只适用于相对价格的资源配置，并不能反映宏观经济总量与总量之间的各种关系。因此，把微观经济学中的生产函数完全扩展到宏观经济学中，加总成为总量生产函数，便会发生逻辑错误。

1.2.2 新古典总量生产函数自身的逻辑悖论

1.2.2.1 利润率（利率）的边际决定与资本计量的循环论证③

新古典生产函数一个重要的逻辑错误就在于它出现了资本计量的悖论，这个悖论引发了新古典经济学一系列相关命题和假设的矛盾。所谓资本计量悖论，简单地说就是，资本的价格取决于资本供给与需求的均衡，资本的供给决定于储蓄，资本的需求决定于资本的边际生产率，供求均衡时的利润率（利率）恰好等于产量对资本的导数，即资本的边际生产

---

① 1958 年，卡尔多（Kaldor）提出了资本主义经济发展中的六个程式化事实：（1）产出和劳动生产率以稳定的比率持续增长；（2）每个工人的资本数量持续增长；（3）利润率水平从长期看是稳定的，但在短期是波动的并与投资的波动相联系；（4）在长期，资本产出比率是稳定的；（5）利润在收入中的比率是稳定的；（6）劳动生产率的增长率和总产出的增长率在不同的国家呈现巨大差异。参见 Kaldor N. Capital Accumulation and Economics Growth. Further Essay on Economic Theory. Home & Meier Publish, Inc., P2－3.

② 柳欣. 资本理论——价值、分配与增长理论[M]. 西安：陕西人民出版社，1994：14－16.

③ 陆长平. 新古典经济学的"悖论"及其反思[J]. 南开经济研究，2002（2）：40－42.

率。[①]这就要求资本的数量独立于利润率而预先得到确定；但是资本本身并不能独立于分配而预先确定，随着工资率的变化，从而利润率变化，相对价格会产生变化，相对价格的变化会引起对资本价值的重新估值，资本价值量的多少要取决于工资率或利润率的配比，资本量是利润率或工资率的一个函数。[②]因此，利用资本的边际生产率来求解利润率（利率）就产生了逻辑上的循环论证，即已知利率（r）求资本（K），再通过资本求利率的循环。

新古典关于利润率边际决定的原理可以从微观和宏观两个方面加以解释。就微观方面而言，可以用几个简单的公式加以表示，产量 $Q = f(L, K)$，在产品价格为 P 的情况下，利润率 $r = P\dfrac{\partial Q}{\partial K}$，工资率 $w = P\dfrac{\partial Q}{\partial L}$，根据欧拉定理（Euler's Theorem），若生产函数为一阶齐次性质，则产品的价值构成是：$PQ = PMP_L L + PMP_K K$，即 $Y = wL + rK$。各种要素根据各自的边际生产率获得收入，正好把产品价格"分配净尽"。因此，要素价格取决于要素的边际生产率。

就宏观方面而言，萨缪尔森等新古典学者将柯布－道格拉斯生产函数 $Y = AL^{\alpha} K^{1-\alpha}$ 加以运用，并把它变成了论证新古典边际生产力分配论的工具。一方面，他们根据国民收入分配的统计资料证明，在柯布－道格拉斯生产函数中，产量对劳动、资本两种投入量的产出弹性系数，即 α 和（1-α），与美国国民收入分配中工资收入和财产收入各自所占份额（前者约占 3/4，后者约占 1/4）是基本一致的。另一方面，又利用数理方法进行证明，所谓劳动、资本的产出弹性，实际上不过是劳动、资本的边际生产力分别乘以各自的要素投入量，然后再比例于总产出的结果。因为，$\dfrac{\partial Y}{\partial L} = \alpha A K^{1-\alpha} L^{\alpha-1}$，$\dfrac{\partial Y}{\partial K} = (1-\alpha) A K^{-\alpha} L^{\alpha}$，将它们分别乘以各自的投入总量 L 和 K，再分别除以总产出 $Y = AL^{\alpha} K^{1-\alpha}$，便会分别得到 α 和（1-α），它们的经济含义显然就是劳动收入与资本收入在总收入中所占的相对份额。

从上述微观或者宏观角度的论证来看，新古典的边际分配原理似乎天衣无缝。但是，无论是宏观还是微观，新古典都犯了一个严重的逻辑错

---

① 在新古典竞争均衡条件下，利润率又被看作利息率。

② 有关这个问题的论述李嘉图最早涉及，威克塞尔（1893）较早就进行了说明，后来罗宾逊（1956）、斯拉法（1960）等经济学家都进行了有说服力的论证。

误——循环论证的逻辑"悖论"。因为一旦我们从价值（价格）总量考察资本量（K）时，马上就会发现，资本量又与利润率（r）、工资率（w）以及资本加总时的相对价格（p）密切相关，即 $K = g(w, r, p)$，资本量的计量根本就离不开利润率、工资率以及相对价格。显然利润率、工资率的边际决定与资本量（K）的衡量离不开利润率、工资率以及相对价格这一点是相互矛盾的，这种矛盾就是资本计量悖论。资本计量悖论并不是说资本本身不可以计量，[①]而是要说明新古典经济学利用生产函数求导即要素的边际生产率来说明分配（如资本利息）的原理与资本计量本身离不开分配这一点存在着互相矛盾的循环论证。

对资本计量悖论的探讨主要有两条途径：一是早期新古典经济学家威克塞尔（Wicksell, K.）所阐述的被后人称之为威克塞尔效应；二是被斯拉法（Sraffa, P.）复活的古典传统途径，即斯拉法在《用商品生产商品》（1960）一书中所做的解释，罗宾逊（1953）、卡尔多、帕西内蒂等其他新剑桥学者也有基本相近的论述。

新古典经济学家威克塞尔很早就意识到利率（r）的变动对资本价值（K）所产生的影响。[②]威克塞尔效应就说明了这种影响。在没有联合生产的规模收益不变的经济中，若侧重于两种稳定状态的比较，那么可以用一个简单的公式表示威克塞尔效应：设 X_i 为各种"资本品"，P_i 为相应的价格，则威克塞尔效应可表示为式（1.1），即利率变动所带来的资本价值的变动。这个效应可以分解为价格威克塞尔效应和实际威克塞尔效应两部分，即式（1.1）中等式右边的两个部分。[③]

$$\frac{dK}{dr} = \sum_{i=1}^{n} \frac{dP_i}{dr} X_i + \sum_{i=1}^{n} P_i \frac{dX_i}{dr} \qquad (1.1)$$

式（1.1）说明，随着利率的变动，资本价值也在变动，资本价值的这

---

① 当然，资本计量本身还存在着指数的选取问题，随着选取的统一利润率不同，相对价格就不同，从而指数会发生变化，由此计量的资本价值量也会产生很大的差异。

② 威克塞尔在 1893 年的著作《价值、资本与租金》中提出了被后人称之为的"威克塞尔效应"——利率变动会对资本价值产生影响，后在《国民经济学讲义》（1901，1906，中文版，1983）第 165—177 页中又有进一步详细说明，但都局限在"负的威克塞尔效应"上。后来威克塞尔在他的学生古斯塔夫·阿克曼（Gustaf Akerman）1923 年的《实际资本与利息》一书中发现了另外一种形式的即"正的威克塞尔效应"，这一点可参见 Lutz, F. A. The Theory of Interest, 1968, P35－55. 本书利用了后人更为规范的表述。

③ Burmeister, E. Capital Theory and Dynamics[M]. Cambridge: Cambridge University Press, 1980: 118－134.

种变动是通过实际威克塞尔效应和价格威克塞尔效应两条途径实现的。若仅考虑技术角度衡量的实物"资本品"，则实际威克塞尔效应可以忽略。因此，威克塞尔效应的净结果是价格威克塞尔效应。随着利率（r）的变化，式（1.1）可能大于零，可能小于零，也可能等于零；对应地，资本价值（K）可能上升，可能下降，也可能不变。因此，新古典经济学利用生产函数求导（即边际生产率）的方法来说明分配（如利率 r），明显存在循环的逻辑论证，因为利率本身是资本价值确定的要素之一。但非常有意思的是，作为一个新古典主义者，威克塞尔自己并没有放弃边际生产率的分配理论，而认为边际生产力论对于资本而言，仅仅适用于个别企业，只是不能应用于整个社会而已。威克塞尔的这个论断显然比克拉克、威克斯蒂德（Wicksteed）等人更高明一些，但这并没有解决循环论证的悖论本身。

斯拉法作为古典传统的继承者，对新古典生产函数中的资本计量悖论一直持肯定的态度。斯拉法对资本计量逻辑悖论的批判是通过一个巧妙的生产方程（体系）进行的，这个生产方程可以用式（1.2）表示。①

$$p = (1+r)Ap + wL \qquad (1.2)$$

其中 p 是正常价格的列向量，A 是物质投入的矩阵，L 是直接劳动投入的列向量，w 是统一的工资率，r 是统一的利润率。在具有经济意义的情况下，对于特定的任何可行工资率（w）来说，式（1.2）可以相应地得出非负的、标准的和唯一的利润率（r）的同时，还能得到唯一的正数的价格向量（p）。就如斯拉法所说，利润率的决定"必须和商品价格的决定，通过相同的机制，同时进行"。②斯拉法的理论充分证明了在工资外生给定的情况下，利润率和价格体系必须同时确定的原理。也就是说，资本价值（K）即式（1.2）中的 Ap 部分的价值量作为一个可测数量而独立于分配之外的情况几乎是不可能的。威克塞尔、斯拉法和罗宾逊等许多学者都对资本计量悖论提出过若干重要的论述，得出的结论基本上是一致的。③

1.2.2.2　新古典生产函数的加总难题

新古典生产函数另一个重要的逻辑错误就在于它对于异质品的加总

① 这是一个高度概括的生产体系公式，每一种资本品的投入均以整体"1"看待，更为详细的表示公式请参阅斯拉法《用商品生产商品》（中文版，1963）1997 年重印本，第 17、34、49、56、78 等相关页码。另外，在说明利润率对资本价值的影响时，斯拉法的表达方法和威克塞尔效应表述的不同之处在于，威克塞尔效应采用了加总后的价值构成方程。

② 斯拉法. 用商品生产商品[M]. 北京：商务印书馆，1963：12.

③ 柳欣. 资本理论——价值、分配与增长理论[M]. 西安：陕西人民出版社，1994：36—38.

问题视而不见。所谓异质品加总问题，实质上是指采用某种方法，把不同质的商品相加。比如，假定已知 n 个企业的投入 x（x 表示投入要素）与产出 y 存在的函数关系为：

$$y_1 = f_1(x_1) \quad y_2 = f_2(x_2) \quad \cdots \quad y_n = f_n(x_n) \tag{1.3}$$

其中 x_i 表示第 i 个企业的投入，那么是否可以把总产出 Y 与总投入 X 之间的关系表述成 $Y = F(X)$，其中 Y 是总产量 $\sum y_i$，X 是总投入 $\sum x_i$ 呢？

从统计实践上来看，如果产量与投入都是实物的数量，那么相加显然是不可能的。比如面包房生产的商品是面包，即用 y_1 表示面包的产量，计算机厂生产的商品是计算机，即用 y_2 表示计算机的产量，这里的 y_1 和 y_2 表示的都是实物的商品数量，那么 $y_1 + y_2$ 将不具有任何意义，或者说，y_1 和 y_2 根本不能相加。对于投入的加总也是同样道理。

对于加总问题研究最为详细的是里昂惕夫，他在 1947 年两篇关于总量的文章，陈述了后来十分著名的里昂惕夫加总条件[①]。他从根本上说明了，对于起初的函数中两个变量，只有当这两个函数的边际替代率仅仅依赖于这两个变量，而不受这组变量之外的变量变化影响时，加总才是可以允许的。但是，很明显，这里存在着逻辑错误。比如，资本品在加总为总量资本时就不可能不受到其他变量的影响，因为资本品的加总方法基本上是采用对资本价值加总的方法，而如前所述，资本价值不可能不和利润率相联系，而资本又是确定利润率的重要变量，这就使资本品的加总成为最大的难题。

为了回避加总问题，许多经济模型都采用单一产品模型，李嘉图的谷物模型就是一个典型的例子。假设最初的单一产品——谷物在人们之间的分配是平均的，一些人更节俭而把谷物用于资本品，另一些人则把谷物消费掉了。这样，下一期的收入分配就不平等了，占有更多生产要素的所有者将获得更高的收入。加入借贷资本还可以得到说明资本主义借贷关系的模型，即一些期望未来消费的人把谷物借给希望现在消费的人，竞争将保证其获得的利息等于谷物作为资本品的边际生产率。这样，收入分配只是取决于要素的边际生产率，相对价格与收入分配是一致的，即完全由技术关系所决定。如新古典经济学家所表明的，这种相对价格是资源最有效配

① W. Leontife. A note on the interrelation of subset of independent variables on a continuous function with continuous first derivative[J]. Bulletion of the American Mathematical Society, 1987: 53, 343－356.

置的指数，无论是社会主义经济还是资本主义经济都需要采用这样的相对价格进行经济计算，那么，在以私有制为基础的竞争的市场经济中，这种相对价格及按照这一相对价格进行的最初的收入分配就是理所当然的。

不可否认，就单一产品模型来说，新古典生产函数的逻辑是完美的，但它毕竟是远离现实的假定，必须要进一步扩展到异质品模型。而一旦扩展到异质品模型，就必然涉及加总问题，这样在单一产品模型中能够清晰表明的收入分配关系就难以表现出来，它必须找到一个统一的价值标准。

扩展前面谷物的单一产品模型到异质品模型，且先不考虑货币。假设有两种产品，一种是小麦，另一种是燕麦，它们都可以用于资本品（如种子）用于消费，用于资本品时的技术关系由新古典生产函数决定，但两种产品在同一时间所带来的边际产品或边际生产率是不同的（当然还可以假设两种产品的边际产品是相同的，但人们对于两种产品的偏好，从而相对价格或期货价格是不同的）。这样，两种产品在一定的时间内各自的利息率或"自己的利息率"是不同的。给定人们对两种产品消费的时间偏好，这两产品用作资本品的时际均衡模型将被获得。但是，这里并不存在一个统一的利息率或一般利息率，因为小麦和燕麦都有自己的利息率，而两种利息率是不同的，它们取决于两种产品各自的边际生产率和人们的消费偏好与时间偏好。这里把各自不同产品的利息率称为"自己的利息率"[1]。自己的利息率与新古典的边际生产率和时间偏好的概念是一致的。在这一模型中，因为各种资本品不是同质的或不存在各种资本品的资本化价格，因而不能使用一个价值单位来计量而获得总量，这是问题的关键。为了解决这一问题，我们可以任意选择一种产品自己的利息率作为一般利息率，比如可以把小麦的利息率作为一般利息率，然后用小麦的收益率或一般利息率去贴现燕麦的收益率，从而获得燕麦的"资本化的价格"。这就是一般的贴现率公式，即资本品的价格等于收益除以利息率（$K=R/i$，K 为资本存量价值，R 为资本品的收益，i 为利息率）。这样，当采用一种利息率来贴现资本品的价格，即可得到各种资本品统一的价值单位，并且可以获得统一的收益率或利息率。如可以通过小麦和燕麦的相对价格的变动使燕麦与小麦的收益率均等，或者使燕麦的收益率等于小麦的利息率或一般利息率。例如，小麦自己的利息率或在一定时期的边际产品为 5%，燕麦的边

---

① 凯恩斯. 就业、利息和货币通论[M]. 北京：商务印书馆，1983：190.

际产品为 10%，那么，可以通过使燕麦的价格为小麦的 50%，则按小麦价格计算的燕麦的收益率将与小麦的收益率或一般利息率就可以相等。同样，我们也可以把燕麦的自己的利息率作为一般利息率，当小麦的价格是燕麦的 2 倍时，它们的收益率是均等的。

因此，只有给出一般利息率，才能决定最初的小麦和燕麦的相对价格，这种相对价格是它们各自的相对的自己的利息率。当然，如果把小麦（或燕麦）作为货币，则可以确定价格水平和总产出。这里，可以把最初的小麦和燕麦作为资本品存量，而把它们带来的产出作为收入流量，那么，只有确定哪一种产品的自己的利息率作为一般利息率，才能确定资本品存量和收入流量的水平，虽然无论使用哪一种产品的利息率作为一般利息率，其资本存量和收入流量的比率都是不变的，因为相对价格是由产品间相对的自己的利息率决定的。

根据前面的分析能够做出进一步的推论，即我们可以把前面的由任意一种产品的自己的利息率作为一般利息率而得到的产品价值总量作为"宏观变量"（比如说 GDP），而宏观变量的含义是各种异质品的价值的加总，这样就可以得到按价值计算的增长率和积累率，当然，增长率将等于作为一般利息率的产品的自己的利息率，资本品价值和收入流量都取决于我们所选定的产品，换句话说，在前面的异质品模型中，如果各种资本品的边际生产率或自己的利息率不同，则经济增长率、资本存量价值和收入流量也是不同的。

从上述的逻辑推论中，我们得到了一种加总异质品的方法，可以说，这种加总或价值测量方法是新古典的异质品模型要获得统一利息率的唯一方法。上述推论表明了新古典时际均衡模型的一个重要性质，即资本品的价格或相对价格与一般利息率是同时决定的。当加入一般利息率之后，相对价格将发生变动，由此所涉及的问题是，由宏观变量所表示的相对价格既不表明人们消费的时间偏好，也不表示要素的稀缺性，如一般利息率只是人们任意选择的一种产品的自己的利息率，而不表示"总量资本"的边际生产率，从而不能作为资源有效配置的指数。

显然，根据上述推论，一般利息率或宏观变量在一般均衡模型（时际均衡模型）中并不具有意义，换句话说，就新古典理论所要阐述的技术问题而言，人们根本没有必要选择一种产品来把它的自己的利息率作为一般利息率而得到宏观变量，因为这种宏观变量并不具有意义。无疑，人们在决定消费的时间偏好时要考虑资本品的边际生产率，从而决定积累率，但这种选择只能是根据人们对所有产品或各种不同产品的偏好（包括时间偏好）和它们的生产率（包括时间在内的生产函数）进行选择，而绝不是根据一般利息率，这里根本没有一般利息率和所有其他宏观变量存在的余地。前面所讨论的一般利息率和宏观变量只是为了分析的需要而臆造出来的，或者说，如果我们非要在一般均衡模型中得到宏观变量和一般利息率，可以在人们根据微观生产函数和消费偏好进行选择后，再选择任意一种产品的自己的利息率作为一般利息率而得到货币变量，但这种做法不具有任何意义。①

既然如此，如果我们能够选定一种商品作为衡量其他物品利息率的标准便可使研究继续下去。凯恩斯认为，由于货币本身的利息率不容易下降，而且要有新的资本产生，其边际效率必须达到本身利率的最大，所以货币的利息率是"利率之王"，是可以"支配其他利率"的利率。②凯恩斯的货币自己的利息率的特性联系到货币的性质，即在货币经济中，所有的契约都是用货币来规定的，其中最重要的是工资单位，这使得货币和货币利息率成为计量单位，货币的灵活偏好也正是由此产生的。当工资单位和其他资产的价值变动时，只有作为计量单位的货币的价值不变，从而也只有货币能够充当交易媒介的手段，这种货币作为一般的计量单位和交易媒介是与货币契约特别是工资契约联系在一起的。因此，货币的流动偏好并不是依赖于不确定性、技术和心理因素，而在根本上是依赖于特定的货币经济制度。③

现在我们将货币加入上述扩展的谷物异质品模型中。这里先不考虑这一模型中货币存在的必要性，即不考虑货币的使用是否能够降低交易费用，只是把货币加入这一模型中来继续讨论总量生产函数的问题。在这一模型中加入货币的一种方法是，我们可以把任意一种产品作为货币或价值标准来使用，比如前面例子中的小麦。由于作为商品货币的小麦本身具有生产力和效用，从而其自己的利息率将成为一般利息率，如前所述，由此可以得到所有的宏观变量。这里重要的是存在货币利息率，货币利息率作为一般利息率等于小麦的自己的利息率，这已在前面讨论了。但在这里，货币

① 柳欣. 货币、资本与一般均衡理论[J]. 南开经济研究，2000（05）：11－22.

② 凯恩斯. 就业、利息和货币通论[M]. 北京：商务印书馆，1983：190.

③ 凯恩斯. 就业、利息和货币通论[M]. 北京：商务印书馆，1983：241.

数量论是不适用的，因为价格水平和宏观总量仅仅是由小麦的自己的利息率或相对价格决定的，而小麦的数量并不决定价格水平和宏观变量，这里可以假设不存在货币数量论所讨论的货币的交易需求和货币流通速度。

另一种方法是，假设货币是由中央银行发行的通货（纸币）构成。给定货币的流通速度或交易需求，则收入流量的价格水平取决于货币供应量，即货币数量论的结论。但是，按照货币数量论对货币性质的假设，即货币只是用于交易的目的而不存在货币的自己的利息率，将不存在除价格水平外的任何宏观变量，如增长率、资本存量价值和储蓄率等，因为这些宏观变量完全取决于作为一般利息率的商品的自己的利息率。因此，除非假设货币存在自己的利息率或把货币依存于某一种商品，则不可能得到宏观变量。[1]在这里，帕廷金对在瓦尔拉斯一般均衡模型中加入货币的逻辑矛盾问题的推论是值得提到的，即在一般均衡模型中，货币只与交易需求或实际余额效应相联系，而与商品的相对价格和利息率（或要素的边际生产率）无关。[2]

我们可以从上述分析中得出如下结论：当货币被加入到包括时间的异质品模型中或新古典时际均衡模型中时，如果不存在货币的自己的利息率，则不可能得到宏观变量，即按照货币数量论对货币性质的假设，将不会存在宏观变量和一般利息率。显然，如果要得到宏观变量，则需要赋予货币一种自己的利息率（无论是否独立于商品的相对价格），而这一点在新古典的货币数量论中是否定的。

上述分析表明，就新古典理论所要讨论的技术关系而言，在异质品模型中，决定资源有效配置的只是相对价格，根本不需要总量生产函数来表示加总的宏观变量。当然，可以采用时际均衡分析和通过任意选取一种产品的自己的利息率来获得加总的宏观变量，包括由总量生产函数表示的工资率、利息率和经济增长率等，但这些宏观变量与新古典的相对价格和分配理论中的概念是不同的，换句话说，宏观变量中的利息率、工资率和收入分配并不取决于要素的边际产品。在新古典理论中，这种"宏观"与"微观"的生产函数所决定的两种要素价格（利息率和工资率）概念被混淆在

---

① 这里的一个例外是单一产品模型。在单一产品模型中，货币利息率可以表示产品的利息率，即人们可以把产品用货币价值来表示，还可以假设货币只是价值标准，从而得到储蓄和投资等宏观变量。但在单一产品模型中，由于没有交换，货币显然是没有意义的。

② 帕廷金. 货币、利息与价格[M]. 邓瑞索译. 北京：社会科学出版社，1963：65.

一起，由此导致了严重的逻辑矛盾。①

这里需要提到的是，不仅异质的资本品不能加总，异质的消费品也不能加总为一个同质的总量来表示实物产出的变动。1962 年剑桥资本争论后，萨缪尔森在他的一篇文章中承认，以总资本投入为依据的总量生产函数是个"神话"。②

1.2.3　新古典总量生产函数运用到实际中的错误

从前面的分析中我们可以看到，新古典宏观经济学把总量生产函数的基础完全建立在技术关系的分析上，表明的只是人与物之间的关系，而排除了人们之间的社会关系。这种分析方法从根本上说就是一种实物经济。而随着宏观经济学的发展，这种在新古典总量生产函数基础上产生的"实物经济"的思考方式已经成为人们根深蒂固的习惯并延伸到国民收入核算体系中。

自 1929 年开始，现代的国民收入核算体系开始应用。这一核算体系也是完全建立在新古典总量生产函数基础上的，其最突出的特征是把国民经济核算体系中的所有变量都划分为实际变量和名义变量两部分。主流经济学家们假定实际变量是由消费者效用和要素生产率等实物技术关系决定的，认为所有国民收入核算统计资料中的总量表示的都应是实际变量，而名义变量只是附加在实际变量上的货币价格。比如对于 GDP 的统计，有名义 GDP 和实际 GDP 之分，名义 GDP 是直接用货币表示的国内生产总值的价值，而实际 GDP 则表示以某年为基期的、扣除物价变动的价值量。经济学家认为 GDP 就是为了衡量实物产出的，名义 GDP 的增长率并没有什么用。因此在进行经济分析时，经济学家们总是用名义 GDP 增长率减去物价指数得到实际 GDP 增长率。③而主流经济学家们认为厂商在没有货币幻觉的条件下只是考虑实际变量，这样按照新古典总量生产函数 $Q = f(L, K)$，这种实际 GDP 与就业是一一对应的。

但是，这种两分法在逻辑上显然是不成立的，我们已经在前面对这一

---

① 柳欣. 货币、资本与一般均衡理论[J]. 南开经济研究，2000（05）：11－22.

② Samuelson. Parable and Realism in Capital Theory: the Surrogate Production Function[J]. Review of Economic Studies 29[G]. Oxford University Press, 1962：193.

③ 其他的宏观统计变量也是如此：把货币工资除以价格水平就成为实际工资，名义利率除以价格水平就成为实际利率。

问题做了说明，即只有同质的产品才能够加总，而异质品是不能加总的，或异质品的加总是没有意义的。因此，在一个异质品的经济模型中，物价指数是无从得到的。这种表示实物的实际变量值根本就是不具任何意义或不存在的。比如说 GDP 的核算。在单一产品模型中，国民收入的概念是没有意义的，我们可以说谷物的产量增加了多少吨这样的实物指标，而不需要人均多少美元这样的价值单位。在异质品模型中，对于统计的实物量，只有在一种特殊的稳定状态条件下，加总和总量才有意义，这就是齐次性条件，即所有的异质产品按同样的比例变动，比如小麦和燕麦的增长率都是 10%，我们可以说总量或实际 GDP 增长了 10%，但如果小麦增长率 10%，燕麦增长了 20%，那么总的增长率是多少呢？这是无法回答的问题，而且在理论上已经有明确的证明。①目前人们使用这些总量指标只是一种习惯或由经济学家所告知的概念指使，实际上，无论在理论上还是在经验上，我们都不需要实物加总和实际总量指标。在理论上，就新古典的资源配置理论来说，只需要表明稀缺性的相对价格而根本不需要总量；就实际来讲，对于资源配置和人们的福利测量，我们说小麦涨了 10% 和燕麦增长了 20% 比说实际 GDP 增长了百分之多少或多少美元要清楚得多②。

当经济学家们把实际 GDP 的理论运用到实际经济问题的分析时，就会导致失误。比如，按照主流经济学理论，当经济衰退而使实际 GDP 下降产生失业时，政府可以采用扩张性的财政政策和货币政策提高总支出或总需求，从而使实际 GDP 的增长率提高而增加就业，主流经济学的 45°线的收入－支出模型和 IS－LM 模型正是建立在这一基础上的。由"奥肯定律"

---

① 凯恩斯．货币论[M]．北京：商务印书馆，1986．

② 我们可以举以下几个例子来进一步说明使用这些总量指标中的问题。（1）在一本教科书中使用的统计资料表明美国 1820 年人均实际 GDP 为 1600 美元，而中国 2000 年的人均实际 GDP 仅为 800 美元，是不是中国目前的生活水平要比美国 180 年前还低一半呢？这显然是难以置信的。（2）在许多经济学专业文献中都有这样的表述，日本、韩国等国家和地区从 20 世纪 50 年代以来保持了 8%左右的增长率，这些国家和地区的人均实际 GDP 从战后的 100 美元左右上升到了 30000 或 20000 美元等，然而，如果仔细考虑一下，这些数据是对不上的，如果人均实际 GDP 每年增长 8%，这些国家的人均实际 GDP 最高也不会超过 5000 美元，虽然经济学家可以用汇率的变动等来解释这个疑团，但不可能在逻辑上保持一致，更何况汇率的决定像价格指数一样是无法决定的。（3）统计资料显示，中国从 1949－1978 年实际 GDP 的年增长率按最低的估计也达到了 5%，这在同时期世界各国的经济增长中是名列前茅的，但与人们的感觉相差甚远。（4）国际货币基金组织的一份报告中曾按购买力评价方法计算中国的人均 GDP 为 3000 美元，　些学者也试图采用不同的方法估计中国的实际收入水平而得到不同的数字，那么应该相信哪一个呢？以上只是举出几个明显的事例，可以说，如果仔细考虑这些总量指标的应用，所有的统计分析都会存在问题。

通过对美国 20 世纪 70 年代前的经验归纳所表示的实际 GDP 与就业之间的相关关系似乎是对这种总量生产函数理论的证实。然而，美国在 70 年代按照这种理论而采用凯恩斯主义的宏观政策之后，总支出的增加并没有带来就业的增加，反而使失业更为严重，总需求的增加只是导致了严重的"通货膨胀"。又比如，自 1998 年以来，我国经济一直保持 8%左右的实际 GDP 增长率，但所能增加的就业越来越少或失业率越来越高，而这一点足以表明"实物"生产函数理论的错误，只有改变生产函数才能得到与实际经验相一致的关系。

实际上，主流经济学所抛弃的名义量值正是市场经济中最本质的东西。在国民收入核算中，名义 GDP 是一定时期（如一年）新生产的商品和劳务的价值总和，这一定义中的关键是价值，价值是商品和劳务的货币价格，是可以加总的，但这样加总的名义 GDP 已经不表示任何实物，而是一个货币交易增加值的概念。如计算国民收入的一种方法就是增值法，即把各个企业新增加的价值加在一起，由此构成企业的总收入，这种收入等于人们的总支出，因为收入和支出是货币交易的卖和买，二者必然相等。这样，从总支出的角度看，人们花 1 美元一定有 1 美元的 GDP。由于 GDP 所统计的是货币交易值，凡不是货币交易的产出（包括劳务）将不会被计入 GDP。比如，足球明星的高额报酬被计入了 GDP，而农民自己生产和消费的农产品只要不通过市场交易，就不会计入 GDP。这种货币交易的意义和性质根本不在于实物的统计，而在于社会关系。之所以面包工人的工资可以和球星、影星的收入加在一起构成 GDP 总量，原因在于他们都是资本家雇佣的，假如利润率是 10%，资本家付给工人 100 美元的工资，要得到 10 美元的利润，而付给影星 2000 万美元的工资就要收回 200 万美元的利润，正是这种性质才使不同质的产品和劳务得以加总。

在市场经济中，重要的是企业以盈利为目的的成本－收益计算，而这种成本－收益计算完全是采用货币价值进行的，因此，实物指标对于企业是完全没有意义的，企业的投资、雇佣劳动等所有决策都联系到货币量值而不是实际量值。这里重要的是名义变量，因为只有名义变量决定企业的成本－收益计算。比如说，企业的经营或盈利取决于购买和销售合同，企业一旦购买了生产设备和签订了工资合同，其成本就被固定了。如果物价水平上升，企业将增加盈利；反之，当物价水平下降，企业是不可能重新修改以前的合同，这意味着亏损，即企业的盈利与亏损只取决于名义变量，而与实际变量无关。在国民收入核算体系中，除了虚假的物价指数所区分的名义 GDP 和实际 GDP、名义利率和实际利率外，其他所有的统计变量与实物都是完全无关的，如资本、折旧等，这里并不存在劳动，而只有工资指标，不存在主流经济学所需要的生产函数关系。就目前国民收入的加总来讲，这里只有货币支出量值，而不是从生产函数中能够推导出的实物产品生产，如时装、电影明星的收入，这些收入与支出也不能按照消费偏好来说明，因为只有说明人们的货币收入之后才能解释支出，而货币收入在新古典经济学中并不能给予说明。这样，所有的国民收入核算指标的意义唯有从企业的经营来解释，即市场经济中获取利润的动机，所有国民收入核算中的货币量值都只是表明人们经济关系的名义变量，与实物技术关系或生产函数是完全无关的。

这种货币交易和获取利润的 GDP 的统计，对于讨论宏观经济是重要的，如凯恩斯所表明的收入-支出模型，其收入与支出之所以相等，就是因为它只是从不同的角度来看双方的交易，卖出者得到收入，购买者则是支出，同一笔交易必然使收入和支出相等。但这种收入-支出等式中重要的是企业的成本与收益计算或获取利润，而与实物的产出是无关的。由此可以得到，对于市场经济关系来讲，重要的是名义 GDP，而不是反映实物产出的"实际 GDP"，或者，根本就不存在"实际 GDP"。

由于 GDP 是一个经济中全部货币交易量的增加值，我们可以用货币的交易方程式来表示，即 $MV=PT$，货币数量（M）和货币流通速度（V）相乘等于全部货币交易值 PT（T 表示交易的实物量，P 表示价格），而名义 GDP 的计算是所有的交易量的增加值，或从企业会计账户上考虑的增加值。那么，假设全部交易值与企业的增加值之间保持一个固定的比例，即 GDP 在 PT 中的比例是稳定的，再假设货币流通速度不变，则货币交易的增加值或名义 GDP 和货币供应量之间将保持固定的比例，即 $M'V'=GDP$。

自 20 世纪 30 年代人们使用国民收入核算体系以来，并没有从理论上考虑它的性质和意义。马克思对生产劳动的定义似乎可以作为 GDP 等国民收入统计的理论依据。马克思批评了斯密把物质产品的生产作为生产劳动的定义，指出在资本主义经济关系中，只有能够给资本家带来剩余价值的劳动或雇佣劳动才是生产性劳动。当采用货币交易时，假设所有的企业都是资本主义企业和所有的工人都被资本家雇佣，则马克思的生产性劳动的定义是与国民收入的统计一致的，即所有的产品都是经过货币的买和卖两个过程，使货币增值，根本不涉及生产剩余价值的劳动的具体形式。

由此可见，这种以货币量值为基础的国民收入核算体系才是市场经济关系的本质与核心，它与新古典经济学的实物产品的统计和生产函数是根本不同的。这里重要的是货币交易值的统计，即 GDP 是一个经济中全部货币交易量的增加值，它体现的是市场经济中人与人之间的经济关系。

第三节　货币量值总量生产函数

以上对新古典总量生产函数自身逻辑悖论的论述，从理论上证明了除非在极为严格的条件下，微观经济学中的厂商生产函数不能被简单加总成为宏观经济学中的总量生产函数，或者说，总量生产函数本身在逻辑上就存在着一定的矛盾而不能适用于宏观经济分析。同时，我们也说明了以这种新古典总量生产函数为基础建立的一系列国民收入核算体系的统计数据，因为表示的是实物概念而根本不具任何意义，当它运用到分析实际经济问题时只能导致失误，只有用货币量值来表示国民收入核算体系才可以进行宏观经济分析，而这些国民收入核算体系必须建立在"货币量值生产函数"之上。

这里就需要我们完全抛弃主流经济学的实物量值的总量生产函数和实际 GDP，构造一种"货币量值生产函数"或者说是"虚构的生产函数"。实际上，我们所要采取的生产函数与主流宏观经济学教科书中的生产函数是相同或类似的，之所以称之为虚构的生产函数，是因为我们对这一生产函数的解释是与主流经济学完全不同的。一方面，这种生产函数虽然区分了名义量值和实际量值，但它并不代表真的实物产出的统计，而是货币量值的加总，同时它依然能够表示价格水平，因为我们需要与目前的国民收入核算体系统计相对应的理论表述，而且这种表述方式也容易表明与主流经济学的区别和宏观经济理论中的复杂争论。另一方面，这里用货币表示的实物量值所要表明的依然是货币成本与利润的关系，物价水平的变动也在于这种关系。

1.3.1　货币量值生产函数①

新古典经济学采用的是凸性的生产函数来说明要素投入与产出之间的关系。在短期，假设资本存量是给定的，随着劳动投入的增加，由于边际收益递减规律的作用，如图 1.1 所示，则产出的增量是递减的。

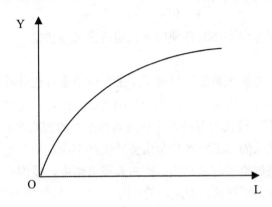

图 1.1　新古典短期生产函数

这种假设在主流经济学中的一个重要意义是可以得到厂商对劳动的需求曲线，即递减的劳动的边际产品使其需求曲线向下倾斜。然而，这种假设和分析对货币经济或市场经济是不成立的。就货币支出而言，名义 GDP 的变动并不会随着实物产出的变动而变动，如现实中厂商的劳动投入是以货币工资来计量的，虽然劳动数量或就业会影响产出，但企业的成本—收益计算所考虑的只是货币工资成本，因此，GDP 的变动只取决于货币工资的变动，如果厂商按照统一的工资率雇佣劳动，则 GDP 的变动与工资率将是成比例的。

如前所述，在市场经济中，最重要的是企业以盈利为目的的成本—收益计算，因此，这里我们以企业的成本—收益计算为核心，构造一个货币量值的总量生产函数。这种成本—收益计算完全是以货币价值的投入和产出进行的，而根本不涉及任何实物。

假设整个宏观经济由企业、家庭、银行和政府四个经济部门构成。在这里，企业是指除银行、证券等金融部门以外的实际经济部门，其运行都采取了完全的市场化运行方式，即所有的商品和劳务都是由以利润最大化

① 柳欣. 资本理论——有效需求与货币理论[M]. 北京：人民出版社，2003：150－153.

为最终目标的企业来供给的，成本－收益计算对于企业而言具有最重要的意义。我们用 W 代表企业支付的工资成本，D 代表固定资产折旧，r 代表企业为使用银行贷款而支付的利息，T 代表税收，这四项是企业的成本支出，π 代表企业生产获得的利润，则企业的成本－收益计算可以表示为企业的收入支出等式：

$$Y = W + D + r + T + \pi \qquad (1.4)$$

我们首先来考察企业的各项成本收益的意义与决定。

（一）工资

古典经济学与新古典经济学对于工资如何决定存在分歧。古典经济学认为，工资是由各种历史、社会和经济因素决定的，它是维持劳动力生存的"物质的必需"，被视为劳动力生存及其再生产的物质成本。而新古典经济学或边际主义认为，工资水平是由劳动生产率决定的劳动需求和劳动负效用决定的劳动供给共同决定的。在古典经济学中，惯例、习俗等历史和社会因素的改变是缓慢的，因此，工资的"自然价格"的改变也是缓慢的，工资有稳定于"自然价格"的趋势。在新古典经济学中，工资水平的调整由于信息不完全等原因也存在"黏性"。[①]在我们的模型中，采用古典经济学的假定，即工资率是由历史、社会等因素决定的外生变量，而且工资率与企业收入等变量的变化相比滞后。在以后的分析中可以看到，这一点对于经济的波动具有重要意义。以上仅说明了工资率的决定，而全部工资支出由工资率和就业水平共同决定，就业水平主要由企业对劳动的需求决定，因此，工资支出可以视为当期产量的函数。这里隐含了非充分就业的假定，这与现代经济的现实是比较吻合的，在经济高涨时期就业增加，可以接近充分就业的水平，但是很难实现完全的充分就业。企业的全部工资支出等于就业量和工资率的乘积，而就业量与企业的收入水平成正比，工资支出即为企业的可变成本支出。它可以表示为：

$$W = w \times L = \frac{w \times Y}{b} \qquad (1.5)$$

其中，b 可以理解为凯恩斯所使用的货币工资单位的概念，L 为就业

---

① 新凯恩斯主义提出协调问题、效率工资、内部人－外部人模型、工资契约等理论来解释工资和价格黏性，参见：多恩布什，费希尔. 宏观经济学：第六版[M]. 李庆云，刘文忻译. 北京：中国人民大学出版社，2001.

量。①

（二）折旧

企业为了进行资本品的更新和重置，必须在资本品的使用期内提取折旧，这也是企业生产所必须支付的成本。在实际生产中，不同的资本品具有不同的折旧率，即使同类的资本品也可能因为被用在不同的企业中，从而折旧率有所不同。总体而言，折旧率是相当稳定的。为了便于分析，我们不妨定义一般折旧率的概念，它等于全社会在一定时期内提取的折旧成本与所使用的资本品价值之比。在新技术、新设备被大规模地采用初期，企业会加快折旧的速度，从而引起折旧率的变化，但是这类的技术变革不可能在全部的生产领域和所有的机器设备上立即发生。像土地和厂房等价值稳定的资本品，折旧率的变化是很小的，而这类资本品在全部资本品中占有很大的比重。经验证明，20 世纪 80 年代以来我国折旧率稳定在 4%－5.5%之间。因此，折旧值的变化更多是由于资产值的变化引起的，而不是折旧率发生了突然的变化。我们以 d 表示折旧率，以 K 表示资本存量，则折旧可以表示为：

$$D = dK \qquad (1.6)$$

（三）利息

贷款利息是企业为使用银行贷款所付出的成本，也是企业主要的成本支出之一，由利率水平和贷款总额决定。在稳定增长的状态下，企业的资产负债率为一稳定的常数，这意味着贷款在全部资产中所占的比例是固定的。假定企业的负债全部来自银行贷款，因此负债与贷款是相等的，企业支付的利息也可以表示为利息率与全部资产的乘积再乘以企业的资产负债率。由于在经济波动中利息率的变动幅度相对较小，因此，贷款利息主要决定于资产值的变化。根据收益贴现法，利息率对于资产值有重要的影响，利息率对利息的影响主要是由于它引起了资产值的变化，而这又会通过抵押贷款的方式直接影响到企业的贷款额，进而影响企业的利息支出。我们用 i 表示利息率，用 a 表示银行根据抵押资产价值发放贷款的比例，即银行贷款数量与企业资产值的比例，则企业的利息成本可以表示为：

$$r = iaK \qquad (1.7)$$

如果资产值在期初就已决定，在折旧率和利息率保持不变的条件下，

---

① 凯恩斯. 就业、利息和货币通论[M]. 北京：商务印书馆，1983.

在当期的成本收益计算中，折旧和利息成为企业的固定成本。

（四）利润

对于利润我们仍然采用古典经济学的假定，即利润是企业的收益在支付了各种必要的成本后的剩余，它可能为正也可能为负。利润率是企业获得的收益与占用的资本的比率。根据所使用资本的含义的不同，利润率又可以分为总资产收益率和净资产收益率。由于资本获利的本性会使其流向收益最高的部门，因此，在均衡条件下利润率会实现部门之间的均等，我们可以称其为一般利润率或均等利润率（equal rates of profit）。由于在本章的分析中不考虑行业和部门的差别，因此，这里的利润率是指一般利润率。在市场经济条件下，利润最大化是企业最主要的经营目标之一。利润是引导企业活动的重要指标。从微观来看，个别企业的利润主要决定于企业经营管理的效率等因素，但是从宏观来看，如果将所有的企业视为一个整体，其获得的总利润将不再由技术、经营管理效率等微观因素来决定（虽然这些因素并非不重要），它将更多地决定于经济体系中货币或资金流通的数量和流向的变化。当经济运行中货币量增加时，由于企业收入与支出相比增长得更快，企业的总利润将会增加，盈利企业数量在全部企业中的比例也会相应增加。相反，经济运行中货币数量下降或增长速度放缓时，企业的利润就会下降。实际经济中货币量的增加来自两种不同的途径，一是货币供应量的增加引起实际经济中货币量的相应增加，这时，其他经济部门的货币量也同时增加；二是在货币供应量不变的情况下，货币量由其他经济部门流向实际经济部门。虽然这两种方式引起的货币数量的增加都可能使实际经济的利润增加，但是最终的结果并不相同。第一种方式可能实现经济的均衡增长，而第二种方式只能导致经济出现不均衡，从而引起经济波动。这两种途径可能同时起作用，影响实际经济中的货币数量。

现在，我们可以根据式（1.5）、式（1.6）以及式（1.7），将企业的收入支出等式重新表述为：

$$Y = w/b \times Y + (d + ia)K + T + \pi \qquad (1.8)$$

或

$$\pi = (1 - w/b) \times Y - (d + ia)K - T \qquad (1.9)$$

通过式（1.9）可以发现企业的收入支出等式有一个重要的特征，即收入的变动直接影响企业的利润，这是因为根据假定，资产值期初已决定，从而折旧和利息成为企业的固定成本支出，工资支出与企业的产量或收入成正比，成为企业的可变成本支出，企业的利润成为收入的线性函数。

根据支出法，企业的收入又等于居民的消费支出、企业的投资支出以及政府支出之和，即：

$$Y = C + I + G \qquad (1.10)$$

根据企业以盈利为经营目标的假定，企业的投资水平取决于企业利润的变化，当利润增加时，企业的投资相应增加；同样，当企业利润减少时，企业的投资相应减少。企业的投资函数可以表示为：

$$I = f(\pi) \qquad (1.11)$$

结合式（1.8）和式（1.10），企业的收入支出可以表述为：

$$Y = w/b \times Y + (d + ia)K + T + \pi = C + I + G \qquad (1.12)$$

或 $\qquad Y = W + (d + ia)K + T + \pi = C + I + G \qquad (1.13)$

这里我们先不考虑政府行为，因此可以把上式改写为：

$$Y = W + (d + ia)K + \pi = C + I \qquad (1.14)$$

由上式可以看出，当总支出即消费支出和投资支出之和（$C + I$）大于企业成本（$W + (d + ia)K$）时，企业利润为正值（即 $\pi > 0$）；反之，当总支出小于企业成本时，利润为负（即 $\pi < 0$）。

如前所述，企业经营的目标是利润最大化，产量的大小和是否扩大投资完全取决于利润量，即当 $\pi > 0$ 时，企业将扩大产出和投资；当 $\pi < 0$ 时，企业将减少产出和投资；当 $\pi = 0$ 时，上述模型处于均衡状态。由此我们可以得到一个稳定状态的收入一支出模型为：

$$Y = W + (d + ia)K = C + I \qquad (1.15)$$

假定利息率和折旧率固定不变，则：

$$Y = \alpha K + wL = C + I \qquad (1.16)$$

其中，α 为系数，表示折旧和利息成本在资本存量中的比率，K 为资本存量，w 为工资率，L 为劳动力数量。等式左边也就是企业的短期成本函数。这样我们把新古典总量生产函数 $Y = F(K,L)$ 改写为货币量值生产函数的一般式 $Y = F(K,W)$，其中 W 为支付的工资总额，K 为资本存量价值。

当我们采用货币量值来表示企业的成本状态时，可以得到完全不取决于技术的企业的短期成本曲线。采用马歇尔的短期分析，企业的短期成本由固定成本和可变成本构成，在这里，成本曲线完全取决于货币成本，与技术无关，即成本曲线的形状只是企业的货币支出而不联系到实物产出的变动。固定成本由折旧和利息组成，可变成本由工资构成，成本曲线或总供给曲线如图 1.2 所示。

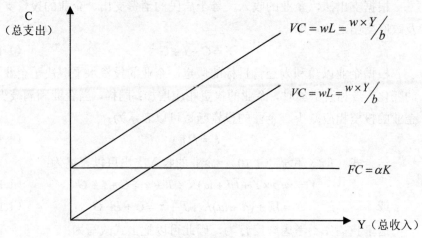

图 1.2　企业的短期成本曲线

如前所述，宏观经济问题与反映技术关系的总量生产函数无关，现在我们用货币量值来表示生产函数则可以得到逻辑上的统一。采用货币量值生产函数可以使我们在产出、价格与就业之间建立联系。这里，先不考虑价格水平而只采用名义变量，采用货币量值的生产函数来建立产出与就业之间的联系。

根据前面加入企业成本－收益计算的收入－支出模型 $Y = GDP = W + D + R = C + I$，GDP 由消费支出加投资构成，如果收入流量对资本存量价值（W/K）处于稳定状态或消费函数处于稳定状态，可以得到工资与消费之间的关系，给定工资率 w，则可以得到工资总量与就业之间的关系，即 $Y = \alpha wL + I$，其中 α 为工资总量与消费之间的比例系数。在稳定状态下，工资总量与资本存量之间的比率（W/K）和工资与投资的比率（W/I）不变，则 $Y = \beta wL$，β 表示工资总量所决定的消费与投资的比率。可以用图 1.3 表示这种货币量值的生产函数 $Y = \beta wL$。

首先，给定工资率，假设固定成本的构成和与工资的比例处于稳定状态，则可以得到产出与就业的关系，即就业与产出为一条直线，该直线的位置取决于货币工资率和工资与固定成本的比例，如图 1.3（b）所示。生产函数画成直线的原因在于 GDP 的统计方法，因为根据 GDP 的定义，花了多少钱就有多少 GDP。生产函数取决于工资率，以及工资总额对资本的比率，其中工资率决定货币量值生产函数的斜率，工资总额对资本的比率或者说收入流量对资本存量的比率决定货币量值生产函数的稳定性。

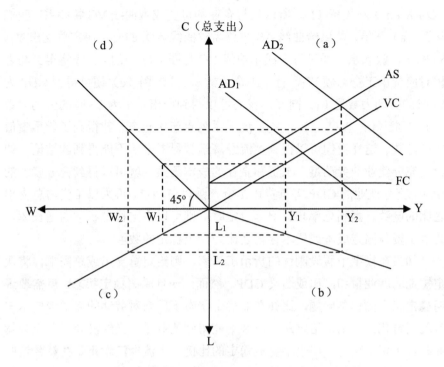

图 1.3　工资、就业与货币量值生产函数

1936 年凯恩斯在《就业、利息和货币通论》（以下简称《通论》）中所提到的工资单位或者货币单位，表达的就是这个意思，就是为了建立一个货币经济分析方法来反映市场经济的特征。然而，不幸的是，20 世纪 80 年代以来新凯恩斯主义与货币主义和新古典经济学（理性预期学派）开始融合，把宏观经济学完全建立在瓦尔拉斯均衡和索洛的增长模型基础之上，凯恩斯革命被完全倒转了，其最终被新古典学派纳入了技术分析的框架中。

　　在图 1.3 中，图（a）为用货币量值表示的总供给与总需求曲线，企业的可变成本曲线（VC）的斜率为货币工资率；图（c）表示总的就业人数、货币工资总额和工资率之间的关系，由于就业量（L）取决于工资总额（W）与工资率（w），所以该直线的斜率等于工资率；图（d）是收入－支出模型，即 45° 线模型。在此需要指出的是，由于采取了古典经济学的假设，全部工资用于消费（W＝C），全部利润用于投资（$D+R+\pi=I$）。在工资总额对投资支出（W/I）稳定的状态下，为分析方便起见，我们的 45° 线模型横轴表示工资总额，纵轴表示消费支出，各自分别省略了资本收入

（$D+R+\pi$）与投资（I），所以只与企业的可变成本曲线 VC 相联系。我们从图（a）开始，总供给曲线 AS 与总需求曲线 AD_1 的交点决定总支出 Y_1，Y_1 的国民收入水平通过可变成本曲线 VC 与图（d）中的 45° 线将得到与之相对应货币工资总额 W_1，有了工资总额 W_1 通过图（c）便可得到 GDP 为 Y_1 时的劳动力数量 L_1。同理，我们可以得到产出水平为 Y_2 时的劳动力数量 L_2。把（L_1，Y_1）、（L_2，Y_2）这一系列点连接起来，就得到了货币量值生产函数。这样我们可以得到主流经济学教科书中所不能得到的结论，即给出充分就业的劳动量、工资和企业的成本函数，就可以得到充分就业的 GDP，充分就业的 GDP 等于货币工资率乘以劳动量，再乘以工资与总支出之比的倒数。当利息率和折旧率给定时，则可以决定稳定状态的增长率，此时工资与固定成本或资本存量之比为一个稳定的数值。

如果在模型中假设刚性的货币工资率，则给定总支出或总需求，将决定短期的就业量和产出或名义 GDP。然而，一旦脱离稳定状态，就需要说明稳定状态的调整问题，比如在非稳定状态下厂商对劳动的需求或资本与劳动的替代，否则，给定总支出并不能得到就业量，当经济处于非充分就业时，工资支出与产出也不会成稳定的比例。主流经济学正是在解释这些问题时把之归结为一个个的例外构建解释性理论来加以说明，从而造成了分析上的逻辑错误。

1.3.2　货币量值生产函数下的供求分析

在主流经济学中，总供给完全取决于实物生产函数的投入产出关系，这是与总需求分析所采取的总支出或货币支出不协调的。而在我们的分析中，总供给只是企业的货币成本函数而不联系到技术上的投入产出关系，这使总供给和总需求的分析都是采用货币量值而与实物无关。也就是说，我们把总供给改为企业以货币量值表示的成本函数，而总需求取决于企业的成本函数所决定的利润率和收入分配，即投资取决于利润和消费取决于收入分配。

假设折旧率和利息率不变，固定成本曲线的水平取决于资本存量的价值；假设工资率不变，则可变成本曲线为一条斜率为工资率的向上倾斜的直线。在总支出一方，消费取决于工资总量，投资取决于利润，则给定工资总量和利润，将得到总需求数量，由于图中的坐标分别为价格与产量，从而总需求曲线为一条向下倾斜的双曲线。总供给和总需求曲线的交点决定产出、价格、利润以及就业。企业的投资增加导致总需求和利润增加，从而引起投资的增加。虽然投资的增加可以提高总需求，但投资的增加又会使下一年的固定成本增加。如图 1.4 所示，FC 曲线将向上移动。这里重要的是总投资中购买资本存量和用于工资支出的比例。当收入增加时，利润将增加，从而引起投资的增加；当经济没有达到充分就业时，工资率将上升缓慢，使投资中用于购买资本存量的部分增加，而当投资用于购买资本存量，就会引起利润的进一步增加，由此导致投资和经济高涨。关键是，由于当期的投资购买资本存量而引起的资产增值会计入当期的利润，必然会在一定时期使利润和投资增加。由于这种利润的增加只能引起投资的增加，消费则取决于工资的增长，投资的增加又会引起固定成本（折旧和利息）的增加，当投资与消费的比率或投资中用于购买资本存量与工资比率达到一定程度，必然导致利润下降，而利润下降所引起的投资减少又使利润进一步下降，从而导致经济衰退。

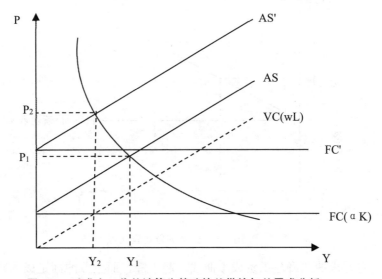

图 1.4　以成本－收益计算为基础的总供给与总需求分析

实际上，上述对企业短期成本－收益分析已经表明了有效需求的性质，即有效需求问题来自企业能否获得利润，给定消费函数或假设资本家不消费，则利润取决于企业固定成本和可变成本的比率和收入分配，在投资取决于利润的条件下，当企业按照短期成本函数进行成本－收益计算时，经济一旦脱离了稳定状态，则必然导致经济波动，从经济衰退到复苏的过程更能表明这一点。

当投资与利润减少引起经济衰退时，由于过高的固定成本和收入分配中工资所占的比重过低，企业已经无法通过正常的方式赢利，如增加投资虽然可以增加总需求，但又会使下一个时期的固定成本增加，提高工资虽然可以使总需求曲线向上移动，但提高工资首先会增加企业的成本而使其遭受更大的亏损。实际上，在经济衰退时期，由于固定成本与可变成本的比例失衡，即使所有企业都提高工资也不可能使利润增加而走出困境，而要恢复正常的比例只有在提高工资的同时降低产品的价格，即越是亏损越是提高工资来增加亏损才能使经济走出衰退，而这一点是企业不可能做到的。在经济衰退时期，企业将按照马歇尔的短期成本函数所决定的利润最大化行事，即随着价格的下降而减少可变成本和产量，工资率的下降又会进一步减少需求和价格，直至企业的"停止营业点"。如图1.5所示。

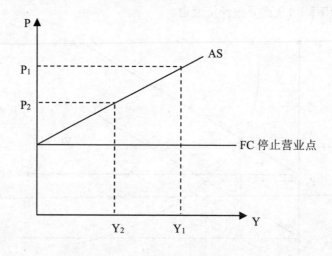

图 1.5　企业的停止营业点

总需求曲线将与工资成本曲线一起下降，而企业的固定成本则保持不变，这样，总支出将无法弥补企业的成本而导致亏损。当经济处于这种状态时，克服衰退的唯一方法是企业破产，当企业破产后其固定成本将贬值而不再计入成本，即图1.5中的固定成本曲线将向下移动，这就会使企业从亏损转为赢利。

按照上述分析，经济衰退来自经济高涨时改变了收入分配结构和成本结构，即产生过高的资本存量价值和收入分配中非工资收入的比重过高。

因此，要使经济恢复平衡只能是资本存量贬值以恢复原有的比率，同时改变收入分配的比例。市场经济中自我调节的方式是，当经济衰退而引起企业亏损时，商业银行也将减少货币供给（否则将导致银行的亏损和倒闭）和向企业追债，这必将引起企业的破产，对此，只要知道破产的含义即可理解这一问题，企业的破产就是让过高的资本存量价值从账面上销掉，正是这种企业的破产，使不合理的比例得以恢复。由于富人和资本家的储蓄是以股票和地产的形式存在的，从而企业的破产和资本存量价值的下降将改变收入分配，收入分配和企业成本结构向相反方向的变动会使经济得以复苏和进入下一个周期。

在上述经济周期过程中，企业的破产和资本存量价值的下降并不意味着实际生产能力的下降，就像东南亚金融危机导致的货币贬值并不意味着实际生产能力的下降一样。实际上，经济周期只是资本主义经济的自动调整过程，如果只存在企业的破产，它只是把资本存量价值降下来，同时也是一个竞争的过程，企业家也通过企业的破产而更迭，工人的失业也是暂时的，会随着经济的复苏而重新就业。然而，如果随着企业的破产而导致了商业银行的破产，就会引起严重的信用危机，如20世纪30年代的大萧条和90年代末东南亚金融危机，信用的瘫痪会对经济产生严重的破坏作用，甚至需要重建货币金融体系。实际上，在上述模型中，企业的破产必然联系到商业银行的破产，这种有效需求不足的经济危机总是与金融危机相联系的。我们将在后面详细讨论这一问题。

第二章　发展中国家经济发展的实质

发展经济学的主要任务是探索发展中国家摆脱贫困的可能性。它的最高目标是为当今低收入国家找到进入可持续经济发展的轨道，进而实现缓解贫困的近期目标和赶上发达国家的长期目标。那么，发展中国家该如何实现这些目标呢？也就是说，发展中国家实现经济起飞和摆脱贫困的先决条件是什么，或者说发展中国家经济发展的实质是什么呢？对于这个问题的回答，发展经济学家们可以说是见仁见智。

正如上一章所述，现代主流发展经济学家们大都把发展经济学研究建立在新古典总量生产函数基础上，在他们看来，经济增长主要是指实际GDP 的增长，而所谓的实际 GDP 的增长是指扣除物价因素，单纯的社会产品的增加，因此他们偏重对于生产力的研究，关注的是如何增加发展中国家的社会产品，认为只要有了产品，经济就会发展起来。既然总量生产函数为 $Y = Q = F(L, K)$，那么增加社会产品，也就是增加实际 GDP 的办法就应该包括：增加资本量 K、增加劳动力 L 和提高资本与劳动的利用效率。

第一节　资本积累与发展中国家经济发展

2.1.1 "一国穷是因为它穷"

在很多发展经济学家看来，由于发展中国家资源禀赋中资本最为稀缺，因此，资本积累在经济发展中的作用至关重要，解决资本积累问题是发展中国家实现经济起飞和摆脱贫困的先决条件。

资本的来源是储蓄，即一国在一定时期内的国民收入减去消费后的余额。假如既定的储蓄可以全部转化为投资，那么储蓄就等于投资，投资过程就是资本积累过程。在经济发展问题研究中，人们通常综合地考察储蓄、投资和资本积累的过程，并结合投资标准、投资效益等因素来分析储蓄如何转化为资本品生产的投资，投资又如何成为一定的资本形式，产生一定的生产能力，因而将此过程称之为"资本形成"。

主流经济学非常强调资本积累在经济增长中的决定性作用。比如最有代表性的哈罗德－多马增长模型（Harrod－Domar Growth Model）所说明的经济均衡增长的条件，就是必须使经济增长率等于储蓄率除以资本－产出比率。要实现充分就业的经济增长，必须在每一期都要提供追加的投资增量来支持因生产能力扩大而带来的就业增加。在资本－产出比不变的假设条件下，要实现经济增长，全部储蓄必须转化为投资。因此，这个模型推出的结论，就是在资本－产出比不变的条件下，经济增长率主要取决于储蓄率，换言之，资本积累率的高低决定了经济增长的快慢。

到了 20 世纪 40－50 年代，早期发展经济学家将西方经济学现成的理论运用到发展中国家的经济发展问题上来，对发展中国家的经济发展提出了若干设想。由于这些理论分析特别强调物质资本的作用，因此被称为"唯资本论"。

1953 年，美国发展经济学家讷克斯在其《不发达国家的资本形成问题》一书中，从资本的供给与需求两个方面分析了资本稀缺对发展中国家经济发展的障碍，提出了"贫困恶性循环"理论（The vicious circle of poverty）。讷克斯认为，从供给方面看，由于发展中国家实际收入水平低，储蓄能力弱，资本缺乏，影响了劳动生产率的提高，而这又导致了收入水平低下，如此循环往复形成了一个"低收入—低储蓄能力—低资本形成—低生产率—低产出—低收入的恶性循环"；从需求方面看，由于收水平低，购买力弱，市场有限，致使投资的吸引力小，缺乏投资热情，资本不足，使劳动生产率低下，反过来又使人们的收入水平更低，如此周而复始形成了"低收入—低购买力—投资引诱不足—低资本形成—低生产率—低产出—低收入的恶性循环"（详见图 2.1）。由此，讷克斯得出了著名的"一国穷是因为它穷"（A country is poor because it is poor）的命题。

那么，发展中国家应如何打破这一困境呢？在讷克斯看来，必须同时对国民经济各个部门进行大量投资，使经济增长率迅猛达到一定高度，人均收入增长达到一定水平，才能突破低收入所造成的贫困恶性循环，实现经济的迅速发展。他还特别强调了市场容量狭小对经济增长的限制和大幅度扩大市场容量对经济迅速增长的决定性作用，他认为全面投资国民经济各部门才能形成广大而充足的市场，产生足够的诱致投资的动力，进而为投资的进一步扩大与经济的进一步增长创造条件。

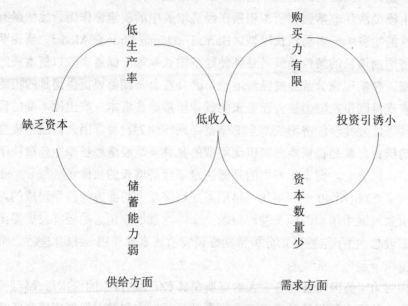

图 2.1　资本稀缺对发展中国家经济发展的障碍

　　讷克斯的"恶性循环"理论从一个方面揭示了发展中国家贫困的原因，在 20 世纪 50 年代和 60 年代初普遍受到人们的重视。但随着一些发展中国家经济的发展，其观点开始受到人们的批评：首先，他把收入增长与投资看作相互决定的因素，视收入增长决定于资本形成，资本的增长又决定于收入的增长，这明显带有循环论证之嫌。其次，就发展中国家的实际情况看，并非绝对地缺乏储蓄能力，富有阶层还是有一定的储蓄能力的。除去私人储蓄外，企业和政府的储蓄也在总储蓄中占有较大的比重。最后，发展中国家市场容量小的观点也是片面的。很多发展中国家人口众多，至少人们必需品的市场潜力是很大的，只要稍加改进，对其进行投资，还是有利可图的。

　　此后，哈维·利本斯坦用他的"临界最小努力"理论支持了讷克斯的观点。哈维·利本斯坦认为发展中国家要打破低收入与贫困之间的恶性循环，根据其人口多且增长率高的特点，必须首先保证足够高的投资率，使国民收入的增长超过人口的增长从而使人均收入水平得到明显提高，这个投资水平即"临界最小努力"。没有这个最小努力，就难以使发展中国家的国民经济摆脱贫穷落后的困境。

可见，讷克斯和哈维·利本斯坦都认为发展中国家必须有一个大规模的初始投资，以打破低水平的陷阱。那么，这样大规模的初始投资所需要的资本又将来自何处呢？对于这一问题，哈维·利本斯坦主张采取政府干预，由国家来制定统一的经济发展计划。这是因为在发展中国家，市场不健全，市场机制作用十分有限，通常的价格刺激只能在较小的范围内起作用，并且这些作用因经济中的不可分性和技术的不连续性而较难产生实际效应。另外，即使市场机制作用较大，要在短期内起到集中大量投资，在全国范围内分配和配置资源使各部门同时全面发展也是不可能的。所以，只有依靠宏观经济的计划，才能负担平衡增长的重担。

在讷克斯和哈维·利本斯坦之后，还有很多经济学家利用实证分析为资本积累对发展中国家经济发展的重要作用提供了有力的证明。其中麦迪森（Maddison, A.）和纳迪利（Nadiri, M.）关于发展中国家的生产函数研究具有一定代表性。

麦迪森认为，影响经济增长的因素可以分为人力资源、资源配置效率和资本资源三大类。他通过对 22 个发展中国家和地区的有关数据进行统计分析得出结论：在 1950—1965 年的 15 年间，这些发展中国家和地区的经济增长率平均为 5.55%，其中劳动对经济增长的贡献是 35%，资源配置效率对经济增长的贡献是 10%，而资本对经济增长的贡献为 55%[1]。纳迪利在 1971 年也做了类似的研究，他把影响经济增长的因素分为四大类：劳动投入、资本投入、全要素生产率和资源流动对全部要素生产率的贡献[2]，结果是：在发展中国家，对经济增长贡献最大的是资本和劳动投入量的增加，其中主要是劳动投入量的增加。由于纳迪利将劳动和资本合并为要素投入与要素的生产率进行比较，因而其结果与麦迪森是一致的，那就是资源配置效率对经济增长的贡献在发展中国家要小于发达国家，而资本投入对经济增长的贡献在发展中国家则大于发达国家。

中国国务院经济发展研究中心利用柯布－道格拉斯生产函数对中国 1952—1982 年间工业总产值的增长因素进行了分析，结果是：资本增长的作用为 50%—57%，劳动增长的作用为 27%—31%，技术进步的作用为 16%—19%。[3]这似乎也说明资本增长是支撑中国 1952—1982 年工业发展

① Maddison, A. Economic Progress and Policy in Developing Countries[M] Allen & Unwin, 1970: 53.
② 谭崇台. 发展经济学[M]. 上海：上海人民出版社，1990：143.
③ 国务院发展研究中心. 中国经济的发展与模型[M]. 北京：中国财经出版社，1990：93.

的主要因素。表 2.1 列出了中国、苏联、美国、日本和韩国经济增长因素分析的有关数据。分析所采用的生产函数模型为 $Y = Ae^{rt}L^{1-\beta}K^{\beta}$，其中 e^{rt} 为技术进步因子。

表2.1   经济增长因素分析的国际比较（%）

国别	劳动增长作用		资本增长作用		技术进步作用	
	百分点	百分比	百分点	百分比	百分点	百分比
中国（1952—1982年）	3.08	30	5.22	51	1.87	19
苏联（1965—1975年）	1.91	24	1.00	13	5.03	63
美国（1946—1956年）	0.63	17	0.42	12	2.60	71
日本（1952—1966年）	1.45	15	1.93	20	6.11	65
韩国（1966—1976年）	2.52	24	5.65	54	2.24	22

资料来源：张东辉. 发展经济学与中国经济发展[M]. 济南：山东人民出版社，1999：90.

从表 2.1 中可以看出，资本增长对中国、韩国等发展中国家经济增长的贡献最大，技术进步的贡献最小。

通过上面理论和实证的分析，经济学家们得出在发展中国家，资本形成与资本积累对经济增长的贡献是巨大的，结论显然是正确的。但由此进一步论证储蓄率的提高、资本形成的增加是经济增长的中心问题，物质资本的积累是经济发展的决定性因素，那就把经济发展问题简单化了。无疑，资本积累对国民生产总值增长有正面的贡献，反映了一种因果关系。然而与此同时，由于在快速增长的经济中投资的预期收入通常是如此高，以至超过弗里德曼提出的"永久收入"的绝大部分增加的收入都将转为储蓄，所以高收入增长导致高投资这种相反的因果关系显然也是能够成立的。

2.1.2   "唯资本"发展道路的不适应性——以我国为例

中华人民共和国成立以后，为了迅速改变国家贫穷落后的面貌，我国政府采取了"低消费，高积累"的发展策略。1952 年，我国的国民收入中消费额为 477 亿元，积累额为 130 亿元，积累率为 21.42%。"一五计划"后，消费额上升到 702 亿元，比 1952 年上升了 47.17%，而积累额上升到 233 亿元，比 1952 年上升了 79.23%，从而使积累率上升至 24.92%。

大规模资本积累导致的生产扩张对于我国的经济发展做出了巨大贡献。首先，经过以 156 项工程为中心的"一五"计划的建设，我国已经（一些项目正在建设）建立了社会主义工业化的初步基础，建立了一批现代化的大型骨干企业，许多工业部门从无到有，独立的工业经济体系已具雏形，缩短了我国与发达资本主义国家之间的差距；其次，生产的扩张带来了我国国民经济的高速增长，"一五"期间，我国社会总产值、工农业生产总值和工业总产值年均增长率分别达到了 11.3%、10.9% 和 18%。

如果由此得出只要加速投资和资本积累就能加快经济发展的结论却为时过早。从 1958 年开始，由于片面强调支持生产，这段时期我国的投资急剧膨胀，牺牲消费促进生产的现象非常严重。1958 年，我国积累率迅速上升至 33.9%，1959 年进一步上升至 43.8%，1960 年虽稍有下降，但仍高达 39.6%。三年间，我国全民所有制企业共实现固定资产投资总额 1063.66 亿元，是"一五"时期的 1.74 倍。然而，如此大规模的快速资本积累并没有带来我国经济的持续快速发展，1961 年我国社会总产值由 1960 年的 2679 亿元下降至 1978 亿元，1962 年进一步下降至 1800 亿元。

这里我们沿用上一章提出的以企业成本－收益计算为基础的宏观经济模型对大规模扩张投资后产生的经济衰退的原因进行初步分析。

由式（1.14）可知：

$$Y = W + (d + ia)K + \pi = C + I$$

我们按照古典经济学的假设，即资本家不消费，全部工资用于消费，全部利润用于储蓄，则 W＝C。同时为了分析的方便，我们暂时不考虑银行根据抵押资产价值发放贷款的比例，则式（1.14）可改写为 $(d+i)K + \pi = I$，从而总投资的变动将决定企业是否盈利和宏观经济是否均衡。只有当投资增长率等于 $\dfrac{d+i}{1-d-i}$ 时，$\pi = 0$，上述模型处于均衡状态[①]；而当投资增长率大于 $\dfrac{d+i}{1-d-i}$ 时，$\pi > 0$，企业将扩大产出和投资，经济将扩张；当投资增长率小于 $\dfrac{d+i}{1-d-i}$ 时，$\pi < 0$，企业将减少产出和投资，经济将衰退。

---

① 具体推导过程如下：由于模型均衡时 $\pi = 0$，因此在 t 期有 $(d+i)K_t = I_t$，（1），在 t+1 期有 $(d+i)K_{t+1} = I_{t+1}$（2），又因为本期的投资流量会转化为下一期的资本存量，即 $K_{t+1} = K_t + I_t$，因此（2）式可改写为 $(d+i)(K_t + I_t) = I_{t+1}$（3），用（3）式减（1）式得 $I_t = (1-d-i)I_{t+1}$，则 $\dfrac{\Delta I}{I} = \dfrac{d+i}{1-d-i}$。

现在假设其他条件不变，当由某种外在因素导致了投资的增长率超过其稳定状态的增长率（比如上述我国 1958－1960 年），则企业会出现盈利，从而引发投资的增加和生产的扩大，而投资的增加又会使利润进一步增加，继而引发更多的投资，使经济不断高涨。

但是，投资的增加在给企业带来利润的同时，由于本期的投资流量又会转化为下一期的资本存量，因此会引起下一期折旧和利息成本上升，使生产的总固定成本上升。

此时，国家继续采取"低消费，高积累"的发展战略，加速投资的同时不增加职工工资或职工工资增长非常缓慢，一方面，从企业的成本结构来看，会使企业固定资本的增长速度远远超过可变成本的增长速度，即 $\dfrac{W}{D+r}$ 下降；另一方面，从收入分配结构来看，会使利息和利润收入的增长速度远远超过工资收入的增长速度，即 $\dfrac{W}{\pi+r}$ 不断下降。此时，政府要想使企业保持一定的利润率进而维持国家宏观经济的高增长，投资必须以累进的比率增加，一方部分用于支持利润的增长，另一方部分用于弥补由上一期增加的投资而导致的折旧和利息成本的增加，这样的后果是收入分配将进一步恶化，引发有效需求的严重不足：一方面是工资增长缓慢所引起的消费需求减少，另一方面是产品成本上升带来的产品价格提高，到了一定的阶段，必然形成工人用工资买不起企业按现行成本生产和定价的产品的局面，造成产品积压，此时如果企业降低价格就会引起利润下降乃至亏损，而利润下降所引起的投资的减少又会引起利润进一步下降，从而导致经济衰退。

除了 1961 年以后严重的经济衰退以外，这种"唯资本"发展的道路还给我国经济发展带来了诸多"恶果"。首先，由于依靠高积累维持的经济增长扭曲了国民收入的分配，使人民生活水平提高缓慢。1952 年我国居民平均消费水平为 76 元，至 1978 年仅上升至 175 元，26 年间仅仅上升了 130.26%，平均每年上升 5%。其次，为了"集中力量办大事"、实现高积累的发展战略，我国实行生产所需的要素统一调拨、生产出的产品全部上调、发生的成本统一核算、创造的利润全部上缴的企业制度，企业发展与其经济效益没有联系，劳动者的收入与其做出的贡献没有联系，严重束缚了劳动者的积极性，造成微观经济效率极为低下的问题，以致生产只能在生产可能性边界之下进行。这都为我国以后经济发展埋下了"隐患"。

由此可见，"唯资本论"仅仅是为发展中国家如何发展经济提供了一种模式，但是，过分强调促进生产力的发展、增加社会产品，而忽略了生产出来的产品只有销售出去才具有意义这一关键问题，也就是说实际上发展中国家发展的实质应该是让发展中国家的人民能够有收入去购买商品。

第二节　劳动力转移与发展中国家经济发展

农业部门中存在大量剩余劳动力是发展中国家普遍存在的问题。所谓剩余劳动力是指相对于土地等资源而言，一些劳动力虽然出工出力，但是并不增加产量，其边际产量很低，低到接近于零甚至负数。因此，从农业部门抽出一定的劳动力不会减少农业总产量。

20 世纪 50－60 年代，以刘易斯为代表的发展经济学家发现，只要能够有效地利用欠发达国家的这些大量剩余劳动力，就足以解决它们的资本积累问题和工业化问题。按照他们的分析，传统农业部门的劳动生产率低于现代工业部门，劳动力从低生产率部门转移到高生产率部门可以提高整个经济的总生产率。刘易斯等人的经济发展主张不仅在理论上独树一帜，而且深深影响了整个欠发达国家的经济政策。事实上，二战后许多发展中国家都踏上了刘易斯指引的工业化道路。

2.2.1　刘易斯模型与费景汉－拉尼斯模型

20 世纪 50 年代中期，刘易斯在《劳动力无限供给条件下的经济发展》一文中提出了著名的二元经济发展模型。他假设欠发达经济中存在两个部门：一个是以传统生产方法进行生产、劳动生产率很低的传统农业部门，其劳动的边际产品为零，农业劳动者只能在某种集合形式下以分享的方式得到较低的、仅能维持生计的生存工资；另外一个是以现代化方法进行生产、劳动生产率相对较高的城市工业部门，其劳动的边际产品大于生存工资。刘易斯认为，由于两个部门劳动的边际产品（劳动生产率）存在差异，因此只要不存在人为的障碍，劳动力将由农业部门源源不断地流入工业部门。而工业部门吸收农业剩余劳动力的结果就是扩大了生产，积累了更多的利润。在追求利润最大化的动机下，积累的利润被转化为资本，从而吸收更多的农业剩余劳动力，再扩大生产，再取得更多的利润，进一步扩大资本，如此循环往复，直到农业部门劳动的边际产品上升至与工业部门相同为止。在这个现代工业部门不断扩张和传统农业部门逐步缩小的过程中，经济总量随着劳动力的转移和生产的扩张而迅速增长。而工业部门的工资由于相对于农业生存工资而言具有明显优势，因此是不需要变动而维持固定不变的。

可以用图 2.2 更详尽地说明刘易斯的劳动力转移模型。在图 2.4 中，横轴表示工业部门的劳动数量，纵轴表示边际生产率和工资的数量。MP 曲线表示劳动的边际产品（边际劳动生产率）。农业部门维持生计工资为 OS，它是固定的。工业部门的工资为 OW。为了诱导农业劳动力向工业部门转移，必须保证 OW>OS。按照利润最大化的原则，工业部门对劳动力的需求，直到它向劳动力支付的工资等于劳动力的边际生产力（MP_L）的那一点为止。因此，P_0 为初始均衡点。在这一点，工业部门劳动力就业数量为 OL_0，总产出水平为 $OL_0P_0M_0$。OWP_0L_0 为工人的工资，WM_0P_0 为资本家的利润。假设资本家将他们的全部利润都用于投资，那么 MP_L 将移动到下一阶段的 M_1P_1。在这个阶段，工业部门的就业水平为 OL_1，利润的规模上升为 WM_1P_1（注意，实际工资 OW 一直保持不变）。也就是说，如果资本家不断地将利润用于再投资，那么"剩余越来越多，资本形成也越来越大，而且这个过程一直要继续到剩余劳动力消失为止"[1]。

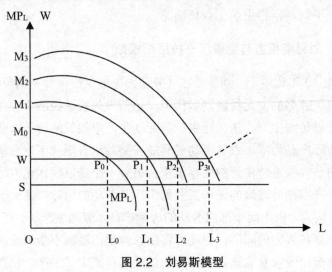

图 2.2　刘易斯模型

在图 2.2 中，剩余劳动力消失的点是 P_3，劳动力就业的数量为 OL_3。过了这一点，劳动力变为稀缺的生产要素，工资水平开始上升，传统部门

---

① 阿瑟·刘易斯. 经济二元论[M]. 北京: 北京经济学院出版社, 1989: 12.

的劳动力供给不再具有完全的弹性。这意味着，工业部门为了使用更多的劳动力，就必须与传统部门展开竞争。此时刘易斯剩余劳动力模型就不再具有解释力了。

20世纪60年代，美国发展经济学家拉尼斯（G. Rains）和美籍华人发展经济学家费景汉弥补了这个缺陷。费景汉—拉尼斯模型在刘易斯模型的基础上，进一步分析了农业劳动边际产品大于零时的农村劳动力转移过程，从而证明通过劳动力从农业部门向工业部门的转移，可以使经济不断发展，并最终完全实现商品化。

拉尼斯和费景汉根据农业和工业两部门发展的对应关系把劳动力转移过程分为三个阶段：

第一阶段，是农业部门劳动边际生产率等于零的阶段。这一阶段与刘易斯模型很相似，即在传统农业部门存在大量显性失业人口，劳动力供给弹性无限大，他们可以由农业部门流入城市工业部门，而不会影响农业生产。在图2.3（a）中，曲线SS_1接近于水平的SP_1段表示弹性无限大的劳动供给曲线。在图2.3（b）中，纵轴代表的是总产品，因此生产函数切线的斜率代表边际产品。由于生产函数切线的斜率在AD段上是平直的，因而表明边际产品为零。在图2.3（c）中，OW表示固定的制度工资，因此，WVQ表示平均产品。很显然，边际产品曲线MPP_L上的OC段也代表了边际产品为零。由于资本家将利润用于再投资，于是带来了经济的增长（劳动需求曲线或边际产品曲线扩展到d_1f_1）。剩余劳动力转移的数量OC=AD。当剩余劳动力用尽时，这种转移就完成了，图2.3（b）和图2.3（c）中的边际产品开始上升，此时，经济发展进入了第二阶段。

第二阶段，是农业部门劳动边际生产率大于零但小于不变制度工资的阶段。此时，农业部门仍然存在隐蔽性失业的过剩劳动力，这部分劳动力继续流入城市工业部门，而农业总产量却不能与工业部门的劳动力同步增长。粮食的短缺必然引起农产品价格的相对上涨，因此，工业部门不得不提高工资，即在图2.3（a）中，超过P_1点，劳动力供给曲线开始上升，无限弹性的供给曲线状况结束。由第一阶段进入第二阶段的转变点被称为"粮食短缺点"。在第二阶段中，劳动力转移得越快，粮食价格越高，贸易条件越发对工业部门不利，工业劳动力供给曲线也就越发陡峭。以上情况持续到MP=CIW的那一点，整个经济就完全商品化了。图2.3（b）中的R点和图2.3（c）中的E点都代表了商品化点。因此，在图2.3（b）中的DP部分和图 2.3（c）中的 CH 部分标志着经济发展的第二阶段的完成。过了商品化点，经济发展进入了第三阶段。

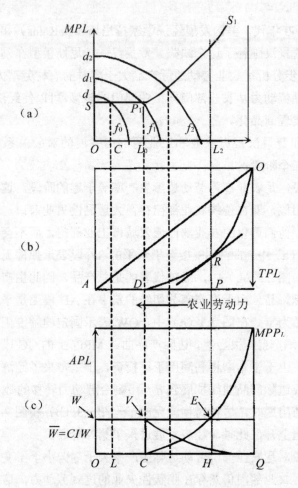

图 2.3　费景汉－拉尼斯劳动力转移模型

第三阶段，是农业部门劳动边际生产率大于不变制度工资的阶段。此时，农业部门已不存在剩余劳动力，农业部门劳动力收入不再取决于制度工资，而是按照分配原则取得收入，这意味着传统农业已转化为商业化农业，因此，第二阶段向第三阶段的转变点被称为"商业化点"，由此开始进入稳定增长的发达经济二元结构特征消失。此时，由于农业生产也资本化了，工业部门要想通过农业劳动力的转移来进行扩大再生产，就必须在劳动力市场上与农业部门展开竞争。竞争的前提条件是必须使工业部门的工资水平大于或等于农业部门的边际生产率水平，结果是工业部门的工资水平将加速增长。

由此可见，与刘易斯模型不同，费景汉—拉尼斯模型认为，农业剩余劳动力的转移不仅能够促进工业部门利润提高和加速资本积累，而且可以促进农业劳动生产率的提高和最终实现商品化，而这必将带动整个经济的快速发展并完全实现商品化。

从刘易斯到费景汉和拉尼斯，发展经济学家们都假设农业部门的工资率是固定不变的（至少在一定阶段是固定不变的），这受到很多经济学家的批判。20 世纪 60 年代以后，美国经济学家乔根森提出了自己的二元经济模型，在他的模型中，假设工业部门的工资等于边际生产力，而农业部门的工资等于劳动的平均产品。

2.2.2　乔根森模型

1961 年，美国经济学家乔根森（Jorgenson）提出了一个新的基于二元经济结构的劳动力流动模式。该模式同样把发展中国家的经济划分为两个部门。农业部门被假定没有资本积累，农业产出（都由粮食构成）只投入劳动和土地，而土地被假定是固定的，因而，农业产出唯一的是劳动的函数。在工业部门，土地不作为一个要素，工业产出只是资本与劳动的函数。此外，两个部门的生产被假定随时间而自动增加，这种不增加要素而增加产出的现象被叫做技术进步。乔根森假定技术进步是中性的。

在上述假定的基础上，乔根森认为，一个社会存在着一个固定的、在现有制度和医学水平上能够达到的生理最大人口增长率，在达到最大人口增长率以前，总人口增长率将随人均粮食产出的增长而增长。他把人口增长率达到生理最大量时的最低人均粮食产出称之为临界人均收入水平。当人均粮食产出大于临界人均收入水平时，人均粮食消费不变且等于临界人均收入水平，这样，农业剩余便产生了。农业剩余的产生使得总人口中的一部分可以从土地上分离出来，农业劳动力开始向工业部门转移。并且，劳动力从农业部门向工业部门转移的规模与农业剩余的规模相适应，两者的平衡关系是：农业剩余在总农业产出中的比例等于工业部门的劳动力在总人口中的比例。

乔根森指出，发展中国家的经济发展中并不存在前述哈维·利本斯坦所言的为达到持续经济增长所需的临界最小资本量问题。相反，只要有一个持续且上升的农业剩余，无论最初资本量多么小，农业人口都会不停地流入城市工业部门，从而促进工业部门蓬勃发展，并带动整个宏观经济的快速发展。

2.2.3　对传统劳动力转移模型的评价

以刘易斯模型、费景汉－拉尼斯模型和乔根森模型为代表的传统劳动力转移模型主要揭示经济发展可以通过吸收传统农业部门的剩余劳动力而实现，这种分析方法无论在理论上还是在政策上都具有重大的指导意义。然而从 20 世纪 60 年代开始，不少坚持传统劳动力转移发展战略的发展中国家发现，在本国经济根本没有走出不发达境地之前，已经面临严重的生产能力过剩问题。究其原因，就在于其理论本身存在着诸多的错误与漏洞。

第一，在各个传统劳动力转移模型中，发展经济学家们都认为，劳动力之所以能够从传统农业部门向现代工业部门转移，是因为现代工业部门提供的工资率高于农业部门的工资率；而现代工业部门之所以对劳动力有需求，是因为劳动提供的边际产品大于他所支付的工资率。一旦农业部门的边际产品（劳动边际生产率）上升，工业部门的优势就会逐渐减弱，直至消失，劳动力从农业部门向工业部门转移也就停止了。但是，仔细研究就会发现，传统的劳动力转移模型只能适用于单一产品的实物经济中，而不能适用于存在异质品的货币经济。这是因为，首先，上述模型中劳动的边际产品都是一个实物的概念，而农业部门和工业部门的产品显然是异质的而不可能是同质的，那么它们是如何进行比较的呢？这显然是不可能的。其次，既然模型中的边际产品是实物的概念，那么相对应的工资就应该是实物工资而不是货币工资，而实际上转移到工业部门的农民消费的粮食和其他商品并不是自己从农村带来的而是在城市购买的，也就是说，厂商支付给工人的和工人用于购买商品的均是货币工资，因此，驱动劳动力由农业部门向工业部门转移的不可能是因为工业部门比农业部门的劳动边际产品更大，而只可能是因为工业部门能够比农业部门获得更高的劳动货币收入，即劳动的边际产品价值，或者说是劳动的边际产品与价格水平的乘积。由此可见，传统劳动力转移模型中存在着严重的逻辑错误。

第二，无论是刘易斯模型、费景汉－拉尼斯模型还是乔根森模型，模型中都假定农村存在剩余劳动力的同时，城市不存在失业。显然这一假定与发展中国家的事实并不相符，发展中国家的城市大多有着大量的失业人口，而且有时候失业率还在不断上升。以我国为例，2000 年城镇登记失业率为 3.1％，2001 年上升到 3.6％，2002 年上升到 4.0％，2003 年进一步上升到 4.3％。

第三，传统劳动力转移模型都认为，劳动力转移的多少、快慢取决于工业部门的资本积累，只有工业部门的企业家赚取了利润，并将它转化为投资，才能进一步地吸收农业剩余劳动力。但实际上，就技术关系而言，当一种技术被发明后，其应用是不受"资本"限制的，因为资本品只是劳动生产的，只意味着生产时间的延长，从而劳动力的转移只需要增加预付的货币工资。

第四，就像在上一节中提到的那样，如果按照传统劳动力转移模型所设想，工业部门的企业家将多赚取的利润都用来增加投资而不提高工资，那么必然会引起经济的大幅波动。这是因为企业投资增加必然会引起下一期资本存量的提高，导致折旧成本和利息成本上升，因此一方面，在总成本中，工资所占的比重将会下降；另一方面，在收入分配中，工资所占的份额将会下降。此时，企业家要想保持一定的利润率进而维持经济的高增长，投资必须以累进的比率增加，一部分用于支持利润的增长，另一部分用于弥补由上一期增加投资而导致的折旧和利息成本的增加。一旦农业剩余劳动力消失，工资率上升，企业家的投资不能以累进的比率增加，经济将走向衰退。

第三节　技术进步与发展中国家经济发展

按照主流经济学的分析，既然总量生产函数为 $Q = F(L, K)$，那么增加实际国民生产总值，也就是增加产量 Q 的办法还有一种，那就是增加生产要素利用的效率，而增加生产要素的利用效率的办法就是技术进步。

2.3.1　主流经济学的技术进步理论与发展中国家的实践

技术是科学知识和生产相结合的物化形态以及知识形态的总称。它既包括工程意义上的依赖于自然科学知识、原理和经验的"硬技术"，也包括管理科学、管理技术、决策方法等以自然科学与社会科学相交叉的学科为基础的"软技术"。两类技术及其有机结合的发展与革新，被称为"技术进步"。当技术进步表现为技术或技术体系发生质的飞跃性变革时，就是技术革命。

理论上，主流经济学家们认为技术进步或技术革命会使新技术体系诞生以及与此相适应的新产业的发展，从而使原来的社会经济结构发生变革，推动经济发展。具体而言，从供给方面，即社会生产方面看，首先，技术进步一方面不断创造新产品和新行业，另一方面又加速了一些落后过时产品和行业的消亡；其次，技术进步通过对不同生产部门影响力的差别，促使资本和劳动力向资本产值率和劳动生产率更高、资源利用更有效的行业转移。从需求方面来看，技术进步会不断创造出新的生产和生活需求，从而推动满足这些新需求的行业的发展，需求的创新同时也加速了生产过时产品的行业的消亡，因此，技术进步改变了生产和生活需求结构，从而使生产结构发生相应变化，进而推动经济发展。比如，发生在英国的以蒸汽机动力为标志的第一次技术革命，使纺织业的劳动工具和动力系统由手工纺车、简陋的水力动力机械变为纺织机和蒸汽机动力系统，并推动冶金、机械制造、交通运输等行业的发展，使过去手工业作坊的生产方式转向社会化大生产，劳动组织与管理方式也发生了巨大变化。因此，这一技术革命是推动英国进入资本主义社会以及英国经济雄霸世界的主要动力之一。

实证上，以索洛为代表的现代经济学家们对于技术进步对经济增长的贡献率进行了大量的测算。这些测算大多建立在新古典总量生产函数之上，采用柯布－道格拉斯生产函数的形式，可以用下列公式表示：

$$Y = A_t L^\alpha K^\beta \qquad (2.1)$$

式中，A_t 代表 t（t=0，1，2，…，n）期的技术水平。显然，

$$A_t = A_0 (1+r)^t \qquad (2.2)$$

式中，r 为不变的技术进步率。当时间 t 为连续时，根据公式可得：

$$A_t = A_0 \left[(1+r)^{1/r} \right]^{rt} \qquad (2.3)$$

所以：
$$A_t = A_0 e^{rt} \qquad (2.4)$$

将式（2.4）式代入式（2.1），则有：

$$Y = A_0 e^{rt} L^\alpha K^\beta \qquad (2.5)$$

对式（2.5）求全微分得：

$$dY = r d_t Y + \alpha (Y/L) dL + \beta (Y/K) dK \qquad (2.6)$$

公式两边同除 Yd_t，整理后得：

$$Y'/Y = r + \alpha(L'/L) + \beta(K'/K) \qquad (2.7)$$

式（2.7）表明，经济增长率（Y'/Y）取决于三个因素：资本增长率、劳动增长率和技术进步。因此，技术进步的贡献率可表示为：

$$r = (Y'/Y) - \alpha(L'/L) - \beta(K'/K) \qquad (2.8)$$

这就是说，技术进步贡献率 r 可以通过排除资本和劳动对增长的贡献之后，作为产值增长率的余额部分得到；换而言之，技术进步贡献率 r 代表产值增长率中其他不因投入量增长而发生的部分。由于，

$$A_0 e^{rt} = Y/(L^\alpha K^\beta) \qquad (2.9)$$

所以，$A_t = A_0 e^{rt}$ 也被称为全要素生产率（和全要素投入量 L^α、K^β 相区别），因而技术进步贡献率 r 也就是所谓全要素生产率的增长率。技术进步的作用在于提高全要素生产率，使原有的生产要素组合比没有技术进步时创造更多的产出。

以美国为例，从 1850－1950 年的 100 年间，美国实际 GDP 的增长率一直保持在 3％，且工资和利润（收入分配）在 GDP 中的比率保持稳定，工资占 GDP 的 75％，利润为 25％，同时资本的增长率，即投资对资本的比率为 3％。假定劳动数量（人口）不变或按一个很小的指数稳定增长，则代入式（2.8）中，可计算出技术进步率 r＝3％-75％×0-25％×3％＝2.25％，在实际 GDP 的增长中，技术进步的贡献率占 75％（2.25％÷3％×100％），而劳动贡献率和资本贡献率共占 25％。

自索洛开了使用新古典总量生产函数测算技术进步贡献率的先河之后，众多的经济学家和他们的学生沿着索洛的分析方法进行了大量的研究，测算各种要素的贡献率和全要素贡献率。美国著名经济学家丹尼森（Denison）、库兹涅茨（Kuznets）等人就曾对经济增长的要素进行了分析。

根据丹尼森对美国 1929－1969 年国民收入增长率的分析，在这 40 年间美国国民收入年均增长率为 3.41％，其中，劳动的贡献率为 1.32％，资本的贡献率为 0.5％，土地假定为 0，总生产要素投入贡献率为 1.82％；平均每个投入单位即生产要素的生产率贡献率为 1.59％，其中，知识进展占 0.93％，规模经济占 0.36％，资源配置改进占 0.30％。丹尼森又进一步把这 40 年分成两个时期进行了对比分析，结果发现：随着技术的进步，要素对经济增长的作用发生了变化。在 1929－1948 年期间，国民收入年均增长率为 2.75％；1948－1969 年期间，国民收入年均增长率为 4.02％。后一个时期的经济增长快于前一个时期。从要素投入对国民收入增长的贡献来看，

前期对国民收入增长的贡献为 54.5%，后期为 52.5%，说明要素投入对国民收入增长的贡献趋于下降。从要素生产率的贡献来看，前期对国民收入增长的贡献占 45.5%，后期占 47.5%，表明要素生产率对国民收入增长的贡献趋于增加。在要素生产率中，知识进展的贡献最大，占到要素生产率对国民收入贡献的 62.6%，规模经济和资源配置的贡献占 37.4%。从对美国过去 40 年间经济增长的分析可以看出知识进展的作用在明显增强，资本等其他要素也在发挥重要作用，但要素总投入所起的作用在趋于下降。

　　库兹涅茨通过对不同国家经济增长中要素作用的比较分析也得到了相同的结论。他把产业革命以来西方国家现代经济增长的特点描绘成主要依赖于技术的持续改进而不是资本积累，因为"科学被广泛地用来解决经济生产问题"。他根据对 7 个较发达国家从 19 世纪下半叶至 20 世纪上半叶 100 多年统计资料进行分析发现，发达工业国家（西欧和北美）50－100 年的实际人均收入的年增长率大多在 1%－2% 之间，平均年增长率约为 1.5%，同时人均工作小时每年下降 0.3% 左右，在整个时期内资本产出比率下降了 30%。这意味着人均资本增长率应该是人均收入增长率的 70%，即每年约为 1%（1.5%×0.7）。发达国家中的劳动和资本的收入份额一般为 0.75 和 0.25。如果把其应用到式（2.7）中，计算出资本对人均收入增长的贡献为：

$$\beta(K'/K) = 0.25 \times 1.0 = 0.25\%$$

　　这仅为人均收入平均增长率（1.5%）的 17%。另一方面，所计算出的劳动对人均收入增长的贡献为：

$$\alpha(L'/L) = 0.75 \times (-0.3) = -0.23\%$$

　　得到的是一个负值。把两个贡献加在一起，估计出"总投入"（即劳动和土地投入总量）增长对总收入增长的贡献仅为 0.02%。这意味着 99% 是由总要素生产率增长带来的。库兹涅茨认为，这个计算结果说明，与资本积累的作用相比，技术进步在经济增长中起主导作用。

　　丹尼森对包括美国在内的 5 个发达国家国民收入增长的来源进行了分析，如表 2.2 所示。

表 2.2 若干发达国家每个就业人员国民收入增长的源泉

	1950—1962				1948—1969	1953—1971
	英国	法国	联邦德国	美国	美国	日本
年增长率（%）						
(1) 国民收入 a	2.38	4.70	6.27	3.36	4.00	8.81
(2) 就业	0.65	0.11	2.43	1.17	1.55	1.46
(3) 每个雇员的收入对每个雇员收入增长率的贡献 b	1.73 (100)	4.59 (100)	3.84 (100)	2.19 (100)	2.45 (100)	7.35 (100)
(4) 常规性总投入	0.21 (12)	0.74 (16)	0.20 (5)	0.40 (18)	0.20 (8)	1.99 (27)
(5) 工作小时 c	0.15 (−9)	−0.02 (0)	−0.27 (−7)	−0.17 (−8)	−0.21 (−9)	0.21 (3)
(6) 资本 c	0.36 (21)	0.76 (16)	0.47 (12)	0.57 (26)	0.41 (17)	1.78 (24)
(7) 单位常规性投入的产出	1.52 (88)	3.85 (84)	3.64 (95)	1.79 (82)	2.25 (92)	5.36 (73)
(8) 年龄性别组成	0.04 (−2)	0.10 (2)	0.04 (1)	−0.10 (−4)	−0.10 (−4)	0.14 (2)
(9) 教育	0.29 (17)	0.29 (6)	0.11 (3)	0.49 (22)	0.44 (18)	0.36 (5)
(10) 资源配置改进	0.12 (7)	0.95 (21)	1.01 (26)	0.29 (13)	0.30 (12)	0.95 (13)
(11) 规模经济	0.36 (21)	1.00 (22)	1.61 (42)	0.36 (17)	0.42 (17)	1.94 (26)
(12) 残差（知识进步）	0.79 (45)	1.51 (33)	0.87 (23)	0.75 (34)	1.19 (49)	1.97 (27)
(13) 教育（9）+残差（12）	1.08 (62)	1.80 (39)	0.98 (26)	1.24 (66)	1.63 (67)	2.33 (32)

注：a 要素成本的净国民产品按天气和资源利用率的不规则变化做了调整。
b 括号内以百分数计算每个雇员和每个雇工的收入增长率为100。
c 包括"未配置的"。

资料来源：速水佑次郎. 发展经济学——从贫困到富裕[M]. 李周译. 北京：社会科学文献出版社，2009.

在表 2.2 中，第 7 行列举的总要素生产率的常规估计，是从每个雇工收入的增长（第 3 行）减去劳动和资本的总贡献（第 4 行）得到的。这个结果证实了总要素生产率增长对收入增长的相对贡献居支配地位的特征，其贡献份额为 70%－100%。而且丹尼森的重大贡献是把第 7 行度量的总要素生产率增长分解到第 8－12 行的各个要素上。第 8 行估计了因工人的年龄和性别组成变化引起的劳动效率的变化；第 9 行估计了因教育引起的劳动质量改进的效果；第 10 行估计了改进资源配置的贡献，包括从生产率较低的部门转到生产率较高的部门的劳动力再配置和由贸易自由化引起的赚取收入能力改进的影响；第 11 行度量了规模经济的效果；第 12 行是第 8－11 行中的因素不能解释而留下来的残差，这些残差解释了要素生产率增长的 30%－50%。换句话说，常规增长核算中没有被解释残差的一半到三分之二，可以由第 8－11 行的因素解释；第 13 行是第 9 行和第 12 行的加总，表示投资于教育和研究所带来的人类知识和能力增加的结果。把第 13 行和度量常规资本贡献的第 6 行做比较，可以做出的结论是：诸如教育和研究这样的无形资本投资对经济增长的贡献要比有形资本积累的贡献大 1－2 倍。

在上述理论和实证分析的影响下，一方面，现代经济学家们纷纷强调应以技术进步作为促进经济发展的本质。例如，美国经济学家熊彼特强调"创新"是经济发展的根本动力。日本经济学家速水佑次郎指出："如果经济增长的主要支撑力量不是常规度量的有形资本的积累，而是技术进步（广义上用总要素生产率变量），那么即使是储蓄能力低的贫穷国家，也能够借用发达国家的技术实现高增长率。他们投资于教育、科研和支持私有企业家的创新活动，包括借用国外技术来加速他们的经济增长，要比仅仅通过政府命令和计划来试图提高它们的有形资本的存量更为有效。"[①]而罗默和卢卡斯认为，发展中国家之所以长期处在低水平的增长路径上，就是由于对知识生产部门和人力资本的投资不够，技术进步率太低的缘故。因此，一个显而易见的结论是，应该鼓励对知识生产的投资，鼓励人们投资于教育和学习。

另一方面，自 20 世纪中后期以来，各国政府，包括各发展中国家政

---

① 速水佑次郎. 发展经济学——从贫困到富裕[M]. 李周译. 北京：社会科学文献出版社，2009：140.

府，都高度重视知识经济与高科技领域的发展与竞争，发展知识经济与高科技的战略政策成为各国促进本国经济发展，提高国际竞争力的重要组成部分。

例如，20世纪60年代中后期，在墨西哥、菲律宾、巴基斯坦、印度、印度尼西亚、泰国、哥伦比亚等发展中发生了一场以技术进步促进农业增长的"绿色革命"。20世纪60年代以后，一些发展中国家人口急剧增长，出现了粮食危机，但是这些国家的土地资源非常有限，通过扩大耕地面积来增加产出，解决粮食危机是不可能的。而且由于农业发展停滞，农业部门存在大量的剩余劳动力，这些劳动者因在农村找不到新的工作机会而纷纷流入城市，导致了城市失业问题严重。于是，在种种压力之下，研究和开发提高单位面积产量的生物技术就成为主要的出路。在20世纪60年代中期，一些谷物如小麦和水稻高产良种在墨西哥和菲律宾国际研究中心的实验基地被培育出来，并且以极快的速度在发展中国家适合生长的地区推广开来。例如，印度旁遮普地区，在最初引进高产小麦品种的1966－1967年，种植高产小麦的面积只占全部小麦播种面积的3.6%，而到1969－1970年猛增到55.5%。据测算，1976－1977年度，发展中国家作为一个整体，高产水稻品种播种面积达到2500万公顷，占水稻总播种面积的27.5%；高产小麦品种播种面积达到3000万公顷，占小麦总播种面积的44.2%。高产良种的种植在亚洲最为普及。在南亚和东亚10个国家和地区，高产水稻品种播种面积在1976－1977年度达2420万公顷，占该地区水稻总播种面积的30.4%，占发展中国家和地区高产水稻良种总播种面积的97%；高产小麦播种面积为1967万公顷，占该地区小麦总面积的72.4%，占发展中国家和地区高产小麦品种总播种面积的65%[①]。"绿色革命"发生之后，在大面积种植新型高产良种的国家和地区，粮食产量大幅度地增加了。有人估计，在1974－1975年度，所有发展中国家大米的总供给大约比20世纪60年代中期以前把同样总资源用于传统品种的生产所达到的大米总供给要多12%[②]。另一方面，发展中国家引进了新型高产良种，这些新型高产良种的生长更加需要精耕细作，在播种、育苗、栽种、除草、施肥、灌溉、排涝、杀虫、收割、脱粒、储藏和运输等整个生产工序上，所需要的劳动力比传

---

① 速水佑次郎，弗农·拉坦. 农业发展的国际分析[M]. 北京：中国社会科学出版社，2000：275.
② 弗农·拉坦. 绿色革命：七个结论[J]. 国际发展评论，1977（12）.

统品种多好几倍。因此，农业劳动投入需要量剧增。此外，由于新型高产良种生长期比传统品种生长期要短得多，原来一年种植一熟的作物，现在普遍建立了两熟、三熟作物种植体系。这样，土地更加集约化使用，需要的劳动量就相应地增加了很多。最后，由于高产良种对化肥、农药和水等需要量大，新良种的广泛使用产生了很大的联系效应，农业生产资料工业的发展和水利设施的兴修也需要大量的劳动力。由此可见，绿色革命的发生的确为这些国家的农业发展开辟了一条道路。然而，绿色革命以后，虽然小农和佃农的绝对收入水平在农业产量增加时上升了，但上升的幅度大大低于大地主和大农场主收入上升的幅度。也就是说，小农和佃农的相对收入水平下降了，收入差距拉大了，这就使"绿色革命"引起的农业发展不能大规模地带动相关产业的发展，进而推动整个经济迅速增长。

又例如，近年来我国政府将发展高新技术产业摆在了重中之重的地位，予以了高度的重视。高新技术产业产值连续多年保持20%以上的增长幅度，2003年达到2.75万亿元。无可否认，高新技术产业的发展使我国的技术水平和生产能力得到了迅速提升，但是另一方面，它也必然会带来高新技术产业职工的工资迅速提升。2003年我国信息传输、计算机服务和软件业职工的平均工资为32244元，而与之相比较，我国农、林、牧、渔业职工的平均工资仅为6969元，差距为25275元；2004年信息传输、计算机服务和软件业职工的平均工资上升至34988元，而农、林、牧、渔业职工的平均工资仅上升至7611元，差距扩大至27377元。如此悬殊并且逐渐扩大的收入差距，使低收入者仍然贫穷甚至更加贫穷，他们无力购买各种工业品。而富人收入虽然大幅度提高，但根据边际消费倾向递减规律，他们不会增加多少消费，这就使整个社会的需求增加不多，从而无力推动整个经济发展。

2.3.2　对主流经济学观点的评价

第一，仔细研究就会发现，上述自索洛开始的被发展经济学家们广泛运用的采用生产函数余值法测度技术进步贡献率的分析方法，实际上表明的只是新古典理论与现实的误差。余数法作为一种经济增长因素的分析，如果用在劳动或自然资源上似乎是无可非议的。然而，如果把这种分析用在资本上，问题就不是如此简单了。这是因为，在分析中假设劳动投入不变，在增加的产出中划分技术进步与资本的贡献是困难的，资本的增加必然使劳动与资本的替代弹性与产出弹性发生变动。

第二，主流经济学家们认为，投资于教育、科研事业能够带来国民生产总值以数倍，甚是数十倍于投资额的速度增加。但是，显而易见，他们都犯了混淆基本概念的错误。众所周知，按照 GDP 的定义，"花 1 美元就有 1 美元的 GDP"，那么在教育、科研事业投资中增加 1 美元，自然只会使 GDP 增加 1 美元。而数据上显示 GDP 与教育、科研支出之间的稳定比例关系是因为教育、科研支出只是教师与科研人员的工资，而工资必然是随着 GDP 一同上升的或成比例上升的。

第三，发展经济学家们对于技术进步发展范式的分析都是建立在自由竞争的市场体制和企业利润最大化的基础之上的。这一点与发达国家发展的历史相符合，而今天的发展中国家却不完全具备这样的条件。也就是说，以技术进步为核心的经济发展模型都是在传统的厂商理论的一般框架里建立起来的资源配置模型，其关键是存在一个与企业利润最大化行为一致的竞争环境。这个竞争环境在发达的资本主义国家早期的发展阶段是存在的，因而用这些模型来解释发达国家技术进步的道路是恰当的。但是，今天的不发达国家的社会和经济条件与发达国家 19 世纪的社会和经济条件很不相同，当今的发展中国家市场制度极不完善，社会制度造成要素供给人为的刚性和资源使用形式的不灵活性。再者，大多数发展中国家或多或少是开放的，这就使它们面临着外部的影响，从而破坏了要素禀赋和要素价格之间，以及要素价格与技术变化之间的纯粹联系。

第四，如前所述，很多发展中国家的实践表明，高科技战略和高新技术产业的快速发展没有大规模地带动其他产业的发展，从而带动整个经济的腾飞。相反，由此带来的发展中国家收入分配的恶化使整个宏观经济无法持续稳定发展。①

由此可见，发展中国家要实现经济迅速发展的根本出路也不在于技术的进步。

第四节　货币化与发展中国家经济发展

通过以上三节的分析可知，资本积累、劳动力转移和技术进步对于促

---

① 有关这一问题，在下一章进行更加详尽的论述。

进发展中国家经济发展的确发挥着不容忽视的作用。但是，对于它们与经济增长之间高度相关的关系，我们既可以说是经济发展的原因，也可以说是经济发展的结果。很多发展中国家在二战后实行的是计划经济体制，在这种经济体制下所进行的资本积累、劳动力转移和技术进步并不能实际解决发展中国家发展的根本问题，而只能是"治标不治本"。因此，要实现发展中国家的经济发展最根本的在于经济体制的改变，即由计划向市场的转变。

2.4.1　从计划到市场

第二次世界大战以后，很多发展中国家摆脱了原来殖民主义的统治，在苏联经济迅速发展的影响下，这些国家纷纷走上了计划经济的道路。这里我们不打算讨论所谓的"主义"，只想就经济发展的本质及道路进行探索。

不可否认，计划经济体制有其自身的优点，它可以迅速动员和配置全国资源进行大型或超大型项目的建设，能迅速动员和配置全国资源恢复战后经济。因此，"在战后的黄金时代，绝大多数实行计划经济的发展中国家取得了令人钦佩的巨大成就。这些成就包括：产出增加，实现工业化，向全体人民提供基本教育、卫生保健、住房及工作，收入的分配相对公平，广泛的（或者说低效率的）国家福利使每个人都能享受到基本的商品与服务"。①

然而，随着时间的推移，计划经济体制在显示出某些优越性的同时，其隐藏着的弊端也逐渐显露出来。计划制定者无法得到足够的信息，以代替在市场经济中由价格所传递的信息。随着往来关系成为一个重要的因素，计划基本上成为一种个人化的讨价还价的过程。计划经济已被证明对工业不利，对农业更不利，因此导致经济发展的停滞甚至倒退。

首先，在工业方面，绝大多数发展中国家虽然通过种种方法大幅度提高了其国内储蓄率，投资率也因此而提高，但不当的投资结构导致畸形的产业发展结构（诸如机械制造业及冶金工业等重工业受到重视，而消费品工业的发展严重滞后），以及国有企业令人失望的绩效，使工业的快速发展未能持久，随之而来的便是经济增长率的下降。例如，我国在"一五"时期经济增长率为 11.3%，由于"大跃进"的影响，"二五"期间经济增长

---

① 世界银行. 1996 年世界发展报告——从计划到市场[M]. 北京：中国财政经济出版社，1996：1.

率为-0.4％，1963－1965 年 3 年经济恢复期增长率为 15.5％，"三五"时期经济增长率下降到 9.3％，"四五"时期进一步下降到 7.3％。

其次，在农业方面，农业增长率远低于其实际可能的增长率。如前所述，到了 20 世纪 60 年代末，在有充足水源供应的条件下，"绿色革命"使得谷物产出的大幅增长成为可能。但很多国家的农民却为了反抗政府税收对农业的挤压（通过价格控制、损害出口的汇率高估以及行业保护）而故意减少农产品的供给。例如，由于恩克鲁玛（Nkrumah）的国家计划与经济政策，可可粉的进出口使得加纳的产出和收入锐减。

因此，从 20 世纪下半叶开始，原先实行计划经济的国家出现了偏好市场的倾向，纷纷实行了从计划到市场的经济体制转轨。到 20 世纪末，包括中东欧以及亚洲在内，一共有 28 个国家进行了经济体制转轨[①]。而不同的国家由于采取了不同的转轨方式导致取得了不同的效果。在 1996 年世界银行的《世界发展报告》中，将原计划经济国家的经济体制转轨归纳为"通过部分的和分阶段的改革来实现变革"的渐进式改革和"在尽可能短的时间内进行尽可能多的改革"的激进式改革两种，前者包括中国和越南，后者包括中东欧（CEE）国家、苏联（NIS）和蒙古。

2.4.2 市场化的本质

2.4.2.1 市场化的本质是资源配置手段的转变

实际上，无论采取哪种转型方式，正如我们在上一章所阐述的那样，经济学家和各国的政府官员都是按照新古典经济学理论的分析方法进行思考，认为整个经济既然是实物的经济，那么由计划经济向市场经济转变的本质或者最核心的内容应是资源配置的手段，最终实现的目标就是市场机制对资源配置起基础作用。具体而言，就是使资源配置方式建立在利益多元的基础之上，由市场按价值规律和供求规律形成的价格向各层次经济活动者提供广泛而真实的信息，使经济活动者能够自由地进入和退出市场，做出符合各自利益的决策。但是仔细研究就会发现，按照新古典的分析思路，根本无法实现真正的市场经济。

市场经济的力量来自竞争，竞争可以使最有能力的产品和劳务的提供者涌现出来。只有在竞争条件下，才能形成正确反映商品和劳务稀缺程度

---

① 世界银行. 1996 年世界发展报告——从计划到市场[M]. 北京：中国财政经济出版社，1996.

的价格。关于竞争，可以说所有的经济学家都曾给予极大的关注，穆勒在150年前就说过，竞争是构成经济学的核心概念。然而，在新古典经济学理论中根本就不存在竞争，或者说不存在现实市场经济中的竞争。

对新古典理论的最简单的表述是，给定资源和人们的消费偏好，我们可以求出符合人们偏好的产出最大化的解，这种最大化的解可以用相对价格来表示，①只有按照这种相对价格才能使资源得到有效配置。这一原则从理论上可以说是毫无瑕疵的。但是，在获得了这种最大化问题的数学求解之后，新古典经济学试图把这种理论应用于现实的市场分析，即由瓦尔拉斯所提出的一般均衡理论，其基本命题是，在一个分散决策的经济中，每个人都按照个人利益最大化的原则行事，能否通过市场供求和相对价格的变动使整个经济达到这种最大化。

显而易见，新古典经济学理论是一种相对价格理论，相对价格表示的是要素的稀缺性和人们的消费偏好之间的关系，相对于给定的偏好来讲，哪一种要素越稀缺它的价格就越高，从而根据要素可以替代的假设就可以按照相对价格配置资源了。显然，在这个理论中是不需要总量的，资源的最优配置只要有相对价格就可以了。而且，由于把两个表示稀缺性的相对价格加总是根本不具任何理论和现实意义的②，因此它也不可能得到总量或有意义的总量。

因此，新古典经济学理论中根本不可能存在一种总量，更不可能存在由货币表示的国民收入核算体系中的各个变量之间的关系，从而不可能存在现实中人们围绕货币或以争夺货币表示的价值（总量）为目的的竞争。新古典理论中所谓的竞争只能是为了传递信息。自私自利的经济人只能表

---

① 瑞德福德举了纳粹战俘营的例子来描述新古典理论。当国际红十字会把各种物品分发给每个战俘后，他们可以根据各自的偏好进行交换而增加总效用或得到更大的满足。如假设只有两个人，即A和B，只有两种物品，如香烟和饼干。这两种物品分发时并没有考虑他们的偏好，而是平均分发的。A更喜欢饼干和B更喜欢香烟，但他们各自对香烟和饼干的效用是递减的，从而A会拿香烟与B交换饼干，通过交换会使总效用增加并存在一个均衡点。在均衡点，可以获得香烟和饼干的相对价格。把这个例子扩展到生产，即不是给定的香烟和饼干，而是能够生产香烟和饼干的两种生产要素（资本和劳动），假设要素的边际生产力递减，且生产两种产品的最优要素比例不同，即可求出唯一的一组要素和产品相对价格所表示的最大化的解。

② 主流宏观经济学非要把这些用相对价格表示的产品价格（乘数量）加在一起构成GDP，并认为可以剔除价格变动来表示实物总量，这是不可思议的。因为按照新古典的原理，给定一组不变的实物产品，只要人们的偏好变化了，其相对价格必变，从而用相对价格加总的总量必变，试问是相对价格变化、还是物品的总量变化了呢？这里不可能找到一种物价指数来保证按价格加总的总量不变，除非货币供应量不变而（任意）调整相对价格，才能保证加总的数量不变，但物价指数和货币数量论就不存在了。

示出他们的消费偏好，利润最大化的厂商只是按照要素的相对价格和替代原理去获得最大产出，供求和价格只是传递信息，工资、利息和利润只是要素价格。在这个理论中，人们追求的只是实物产品，至多是现在消费还是未来消费，而不会再有其他的了。

新古典经济学家们将这种资源配置和相对价格的研究用于解释现实市场经济的运行必然会导致逻辑错误。比如我们前面讨论国民收入核算的统计变量时表明的，所有这些变量与原来新古典理论中的概念都是完全不同的，在马歇尔的微观生产函数中，土地是一种生产要素，其报酬就是地租，然而在总量生产函数中，土地和地租已经没有了，而是把实际上的土地也称作资本，并把它与机器等生产设备混为一谈。当把概念偷换了且依然使用原来的原理，不仅逻辑上是错误的，而且不可能和经验事实相一致，如索洛的经验检验出现了80%的误差。

导致新古典理论与现实之间巨大差距的原因就在于，新古典理论所讨论的只是技术关系的资源配置问题。在这种实物经济条件下，人们之间的竞争是难以进行的，因为它缺少一种价值尺度作为竞争的评价标准。借用马克思的话说，在新古典的相对价格中不包含任何价值的原子（只有使用价值），从而不包含任何竞争的原子。而实际上，国民收入的统计变量都是由市场经济特殊的竞争规则所产生的货币价值组成的，为了使竞争能够进行，我们可以引入货币作为评价标准，即人们生产和销售，然后比谁赚取的货币更多。可见，市场经济的本质并不是主流经济学所认为的资源配置问题，而是竞争，是以货币为基础的竞争。因此，由计划经济向市场经济的转变，最本质和最核心的内容也不应该是资源配置手段的变革，而应该是整个社会经济的货币化。

2.4.2.2　市场化的本质是货币化

1. 真正的市场经济理论——斯密、马克思和凯恩斯

从前面的分析中可以看出，新古典以资源配置为核心的理论根本不能用来解释现实的市场经济，用它来指导实践只能导致失败。实际上，从斯密到马克思再到凯恩斯，各位经济学大师都对市场经济有过精辟的论述，只是后来主流经济学完全抛弃了他们的本意。虽然三位经济学大师所阐述的社会哲学截然不同，但是他们的经济理论却是非常相近的，即都是在揭示现实的市场经济运行，他们所要表明的并不是生产函数的技术关系，而是以社会关系为基础的价值计量和体现在货币价值上的这种价值计量所包

含的市场经济的竞争关系和规律，斯密首先阐述了这样一种市场经济或资本主义经济运行的理论，马克思则建立起一套完整的理论体系，凯恩斯则完全采用货币分析来表明现实中这一体系的运行。正因为如此，才使他们所阐述的社会哲学具有强大的生命力，他们的经济理论是真正的市场经济理论。

（1）斯密

在斯密的理论产生前的 15－18 世纪是欧洲资本主义社会形态产生和建立的时期。当时，随着分工和商品交换的发展，一些商人和封建贵族开始把货币投入到生产领域，出现了以英国的"圈地运动"为代表的资本原始积累和货币化过程，这种货币化过程与资本主义的产生带有相近的含义，即把原有的小商品生产转变为以获取货币利润为目的的资本主义生产，如"圈地运动"把农民变成了由农业资本家雇佣的农业工人。

斯密经济思想的产生正是联系到这种社会制度的变革。1776 年，斯密出版了著名的《国民财富的性质和原因的研究》一书，建立了他对市场经济运行的系统分析，"看不见的手"是对这一系统分析最言简意赅的总结。

斯密对市场经济（资本主义经济）的探讨是从由目前国民收入核算体系的货币总量表示的价值和收入分配关系开始的。在阐述了分工对劳动生产率的作用之后，斯密从分工所引出的交换来讨论交换价值，"分工一经完全确立，一个人自己劳动的生产物，便只能满足自己欲望的极小部分。他的大部分欲望，须用自己消费不了的剩余劳动生产物，交换自己所需要的别人劳动生产物的剩余部分来满足。于是，一切人都要依赖交换而生活，或者说，在一定程度上，一切人都成为商人，而社会本身，严格地说，也成为商业社会"。[①]而在这种商业社会中，决定一个人是否富有的标准已经不是他自己的劳动生产的产品，而是他在交换中所能"支配的劳动"，由此就出现了资本积累和资本家，资本家是用一笔预付资本或在交换中得到的货币去购买劳动和生产资料，然后通过出售产品而获得利润。这样，商品的交换在资本积累出现之前是按照其包含的实体劳动量进行的，但在资本积累出现后则按照"支配的劳动"进行交换。由此，价值的计量就从表示劳动数量的实物单位改变为工资加利润的价值单位了，即由公式 $Y = W = wL$ 改变为 $Y = W+\pi = wL + wLr = wL(1+r)$（其中 Y 为总产出，W 为工

① 亚当·斯密. 国富论：上册[M]. 杨敬年译. 西安：陕西人民出版社，2001.

资总额，w 为工资率，L 为劳动者人数，π为利润，r 为利润率）。在这一公式中，国民收入 Y（或 GDP）的测量只是按照预付工资和外生给定的利润率，假设存在着稳定的自然利润率 r，则国民收入的变动只取决于工资率 w 和雇用的劳动量 L，斯密把这种计量国民收入的方法称之为"工资单位"。在这里，斯密的价格构成理论和以工资单位计量国民收入的方法所表明的重要特性是，这种总量的计量只取决于以价值计量的工资单位和外生给定的利润率，与技术是完全无关的，所表示的只是市场经济的分配关系。

在上述国民收入计量的基础上，斯密展开了对竞争和均衡的讨论。由于资本是一种预付，其目的在于获取利润，所以资本主义以前的社会由劳动获得全部产品的单一劳动关系的价值，必然会转变为资本主义条件下由利润动机所驱使的资本主义工资加利润的收入分配关系所形成的"自然价格"。在斯密那里，资本的存在就是为了获取利润，"对自己利润的考虑，是资本所有者决定把资本投在农业、制造业或是批发零售业某些特定部门上的唯一动机"，① 由此拥有资本的资本家才会去雇佣生产劳动者进行劳动，同时由于劳动为资本所支配，等量资本必然要求获取等量利润，因而它将决定存在一个"自然利润率"（即统一利润率）的原则。这样，商品的相对价格将由预付的工资（和其他生产资料）乘以统一的利润率所决定，而这种均衡的存在和稳定性就来自资本家之间为获取更高利润率的竞争所形成的资本在各个部门之间的流动，从而使得统一的利润率成为"重力的中心"，这样，由供求决定的市场价格就会通过资本转投的供求变动来实现均衡，而这种供求均衡必然就是一种各个部门获得统一利润率的均衡，其中由技术关系所决定的资源有效配置显然是通过统一利润率的竞争实现的。所以对斯密而言，竞争均衡的自然价格是至关重要的。

在这种意义上，斯密提出了著名的"看不见的手"的原理，"看不见的手"是一种基于"经济人"的自利心而驱使人们为获得自身的利益去竞争，市场机制则可以通过统一的利润率原则来调节供求而达到均衡，这就是为了获取利润而竞争的古典一般均衡模型。正是在这一点上，新古典经济学家把古典理论与新古典理论相混淆，把斯密的"看不见的手"混同于由技术关系所决定的供求均衡或瓦尔拉斯一般均衡。而实际上，由斯密这一著名原理阐述的古典一般均衡理论所要说明的是，资本主义经济中为获取利

---

① 亚当·斯密. 国富论：下册[M]. 杨敬年译. 西安：陕西人民出版社，2001.

润的竞争而在统一利润率的驱使下所达到的古典均衡状态，其中存在着国民财富生产中作为资本主义经济关系核心的资本与劳动的总量关系，即需要存在总资本、总收入和收入中工资与利润的份额，以及总资本的利润率，而在新古典一般均衡理论中根本不存在统一的利润率和与其相联系的由社会关系所决定的总量关系。

（2）马克思

在主流经济学家看来，马克思经济学是一种阶级斗争的政治学说或带有政治色彩的经济理论，其鲜明的特征就是强调资本主义经济的阶级对立性。他们认为马克思把资本家阶级和工人阶级作为资本主义经济条件下对立的两大阶级：前者占有社会生产资料，能够最大限度地剥削工人阶级的剩余劳动；后者除了劳动力可以出卖以外一无所有。因此，这两大阶级的对立又表现为资本和劳动的对立。马克思经济学因此遭到排斥。

马克思主义经济学中的阶级斗争往往被理解为决定"实物"的分配，一个形象的说法是，给定一个蛋糕，资本家多了，工人就少了，但这种解释并不是马克思价值理论的真正含义。在马克思那里，资本家并非与工人阶级完全对立，他的经济分析基础正是建立在人与人的社会关系上，所揭示的资本主义经济中人们社会关系的本质可以用价值与剩余价值来代表，资本家所获得的财富来自工人的剩余劳动。但这种剥削或剩余价值并不是马克思所说的全部，需要特别注意的是，马克思在讨论了剩余价值的来源后，在其再生产理论中沿袭古典学派的理论，使用了一个极为重要的假设，即假设资本家不消费或资本家把利润的大部分用于储蓄或资本积累。如果采用这种极端简化的假设，可以得出推论：工人消费所有的产品，从而资本家所得到的财富只是一种价值符号，用来表示他的成功和社会地位，或使其转化为资本来支配劳动，这种价值符号与实物的"蛋糕"是无关的，而且这种价值符号也不可能与技术上的生产函数相联系，而只能来自社会关系。由此还可以推论，工资、利润和剩余价值这些概念也不是联系到实物或技术关系，而是联系到社会关系①。实际上，马克思正是延续了古典经济学的传统，讨论的是一种社会关系而非新古典经济学主张的技术关系。

与他的前人李嘉图不同，马克思所要表明的并不是技术退步（如李嘉图的土地收益递减）导致的利润率下降，而是技术进步条件下的利润率下

———————————

① 柳欣. 资本理论——有效需求与货币理论[M]. 北京：人民出版社，2003：523.

降问题；而且，这一问题本身也说明，利润率以及价值与分配不可能依赖于技术关系，或者说从技术关系的分析中并不能得到马克思的结论。在马克思的经典论述中表明，资本主义在技术进步的条件下所发生的周期性经济波动来自资本主义经济关系的性质，即资本主义（市场经济）生产的目的不是为了消费，而是为了获取利润。换句话说，这种资本主义生产的特殊性会在技术进步条件下导致有效需求不足和利润率下降，从而引发经济危机。

在《资本论》第一卷第一章中，马克思从商品的二重性（价值和使用价值）和劳动的二重性（抽象劳动和具体劳动）出发，把由技术关系所决定的使用价值和具体劳动与作为社会关系的价值和抽象劳动进行明确地区分，表明价值只取决于社会关系而与技术关系是完全无关的。马克思关于社会必要劳动时间的定义和关于劳动生产率与价值量成反比的论述，正是为了把技术关系完全排除在价值决定之外。马克思批评了李嘉图在价值概念上的混乱①，认为这种价值概念上的混乱导致李嘉图采用单一产品模型时把价值量的分析联系到劳动生产率，从而把技术关系与社会关系混淆在一起，而无法得到"一种不变的价值尺度"来测量价值量。马克思明确地表明，技术或劳动生产率只与使用价值有关，而与价值无关，价值所表示的只是人们之间的社会关系，而不包含任何使用价值的原子。

在第二章中，马克思转向交换价值形式的讨论，由此过渡到货币，这表明，交换价值以货币来表示和劳动力成为商品，资本家就能够通过货币交易得到货币增值或剩余价值，即以货币价值表示的总量关系。这种剩余价值理论正是马克思使用抽象方法分析价值理论所要得到的结论，或者说是马克思所建立的劳动价值论的目的所在。正是从这种以货币价值表示的总量关系或剩余价值理论的基本关系出发，马克思建立起一套"宏观经济体系"，马克思的资本积累理论、社会再生产理论、利润率下降与经济周期理论无不是建立在这种与技术完全无关的以货币价值表示的总量关系基础之上的。

资本主义经济中的竞争是马克思阐述的另一个重要问题。在采用抽象的价值理论表明了剩余价值的基本定理之后，马克思通过相对剩余价值的

---

① 马克思. 资本论：第二卷[M]. 中共中央马克思恩格斯列宁斯大林著作编译局. 北京：人民出版社，1975：97.

讨论阐述了他的竞争理论，即资本家争相采用新技术来提高劳动生产率，以获取超额剩余价值而避免在竞争中被淘汰。在这里，给定劳动力价值，对于单个资本家来讲，他所获得的剩余价值取决于劳动生产率，即剩余价值率与劳动生产率成正比，当个别资本家的劳动生产率高于其他资本家时，他将获得超额剩余价值。因此，竞争是劳动生产率的竞争，是通过对新技术的垄断来获取超额剩余价值。但资本家雇用工人并不是预先支付一定的实物产品，而是支付一笔货币工资，这里的货币与实物存在着根本的区别，它表明资本主义的生产和交换并不是为了消费，而只是为了价值增殖或剩余价值。

可见，按照马克思的观点，在商品经济中，货币作为人们社会关系的集中体现被用作一般价值尺度，而在资本主义市场经济中，货币量值成为资本家进行成本收益计算的基础，也就是说，获取以货币量值表示的剩余价值才是市场经济运行的本质。

（3）凯恩斯

1930 年，凯恩斯发表了他天才的理论著作《货币论》，这是一部完全排除传统实物的生产力分析的纯货币理论著作，同时又不同于同时代的霍曲莱、罗博特森和瑞典学派的信用周期理论，凯恩斯通过重新定义"国民收入核算的统计变量"，即以货币量值所表示的企业的成本收益计算，由此可以把由货币的收入与支出所决定的利润作为研究的核心，从而表明经济波动问题。如凯恩斯在 1933 年表明的，该书是要用"货币经济"理论来取代传统的"实物经济"理论。

在《货币论》中，凯恩斯建立了完全以名义量值为基础的货币经济体系，其中的核心是以货币量值表示的企业的成本收益计算和利润，即凯恩斯的"基本方程式"。凯恩斯基本方程式所要表明的是，作为超过资本正常报酬部分的利润取决于产品的价格与要素成本的差额，由于利润的存在，促使企业去增加各自的产出，从而增加它们对作为投入的各种生产性服务的需求；如在亏损时情况则相反。凯恩斯在上述公式中得出，给定企业的成本，利润等于本期的投资减去上一期的储蓄，而投资的变化取决于利润的变动，即利润越高投资越多，由此形成"寡妇的坛子"的累积型经济波动。

在这里，凯恩斯的总量分析绝不是把新古典的微观分析"加总"为宏观经济学。"但当我们进而讨论何者决定社会全体之产量及就业量时，我们需要一个关于货币经济（Monetary Economy）之全盘理论。"①因此区别的关键是新古典经济学是实物经济的理论，其中没有货币，或货币只是"润滑剂"或"面纱"。凯恩斯写道："以庇古教授为例。在他绝大部分著作中，庇古教授仍相信，除了引起若干摩擦阻力而外，有没有货币，没有多大差别；像穆勒一样，经济学可以根据实物交换情形，完成生产论与就业论，然后再敷衍塞责，引入货币。"②凯恩斯进而对新古典经济学中货币部门和真实部门的"两分法"提出了批评，"经济学家在讨论所谓价值论时，总说物价决定于供需状况……讨论所谓货币与物价论时……代之而起的，是说决定物价者乃是货币之数量"③；他又写道，"我以为把经济学分为两部分，一部分是价值论与分配论，另一部分是货币论，实在是错误的分法"④。

在随后出版的《通论》中，凯恩斯更是要建立一个生产的货币经济理论来反对新古典经济学和货币数量论。他在序言中写道："货币经济之特征，乃是在此经济体系中，人们对于未来看法之改变，不仅可以影响就业之方向，还可以改变就业之数量。"⑤在《通论》中，凯恩斯试图把货币理论与价值、分配理论或产出、就业联系起来。他提出，利息率并不是调节资本的供给与需求或储蓄与投资，而是调节货币的供给和需求，虽然投资或资本边际效率依赖于利息率，但利息率并不是资本的价格或取决于资本的边际生产率，而是来自货币的灵活偏好，利息是人们放弃货币的灵活偏好的报酬。按照货币数量论，货币利息率只是资本的边际生产率和时间偏好的货币形式，即表现实物的储蓄与投资（实物资本品的供给与需求）或消费的时间偏好。凯恩斯则表明，这里存在着一种独立的"货币的自己的利息率"⑥。凯恩斯货币理论的最重要一点是，货币联系着过去（现在）与未来，其原因是持久性资产的存在⑦。货币联系到过去（现在）是因为资本存量的价值是变动的，货币联系到未来是因为投资和过去的资本存量的价值取决于对未来利润流量的预期。在讨论货币的生产和替代弹性时，凯恩斯提到了资产抵押，如果我们把货币供给和货币的自己的利息率依赖于资产抵押，

① 凯恩斯. 货币论[M]. 北京：商务印书馆，1986：253.
② 凯恩斯. 货币论[M]. 北京：商务印书馆，1986：21.
③ 凯恩斯. 货币论[M]. 北京：商务印书馆，1986：252.
④ 凯恩斯. 货币论[M]. 北京：商务印书馆，1986：352.
⑤ 凯恩斯. 就业、利息和货币通论[M]. 北京：商务印书馆，1983：2.
⑥ 凯恩斯. 就业、利息和货币通论[M]. 北京：商务印书馆，1983：第17章.
⑦ 凯恩斯. 就业、利息和货币通论[M]. 北京：商务印书馆，1983：250—251.

从而使货币根植于"过去（现在）与未来"或持久性资产存量与未来的收入流量，并把货币的信用关系和货币的自己的利息率归之于资本主义的经济关系，即可以把凯恩斯的货币和利息理论发展为一种完全不同于货币数量论的货币价值理论，即根植于新的价值、分配理论的货币理论或一种新的一般均衡理论。

由此可见，凯恩斯经济学在理论上的革命性是试图提出一个把货币理论与价值、分配理论结合在一起的关于货币经济的"全盘理论"。凯恩斯清楚地洞察到了新古典经济学"理论与事实不符"的特点，他要否定新古典的就业与产量决定理论、萨伊定律和货币数量论，试图建立一个价值理论与货币理论相联系的"生产的货币经济理论"，以打破新古典经济学实际部门和货币部门分离的两分法，以及没有货币的新古典实物经济理论。现在，旧的游戏规则打破了，凯恩斯要告诉他的经济学同行们，他要建立一个货币经济的游戏规则，在这里，货币起到关键作用，"宏观经济"中所有的变量均为货币量值或名义变量。这个游戏规则就是他的与总就业和总产量相联系的货币和利息理论。

上述分析可见，斯密、马克思和凯恩斯三位伟大的思想家对市场经济或资本主义经济的分析都沿着一条共同的思路，即作为资本主义经济制度所特有的竞争与货币的价值计量。斯密发现了市场经济的竞争协调这一古典一般均衡并给予了初步的描述，他的"看不见的手"是对建立在竞争基础上的市场经济自动协调机制的最恰当的比喻，因为我们所要建立的游戏规则就是自由竞争，没有竞争就没有市场经济的游戏。马克思采用其特有的、逻辑一致的价值理论建立了一个完整的理论体系，用以分析目前国民收入核算体系的统计变量的性质和它们之间的关系，从工资与利润的对立和为利润而生产与消费的对立的角度，通过表明企业成本收益计算的国民收入统计变量关系和变动的分析，提出了"利润率下降"这一有效需求问题的核心。凯恩斯则把这种价值理论转变为现实的货币理论，直接针对由货币量值构成的国民收入核算的统计变量，从而可以明确地表明以货币量值为基础的企业的成本收益计算和包括资本市场在内的竞争的游戏规则，并从内生的货币供给出发来讨论货币金融体系的运转，通过企业利润的变动来说明有效需求问题，并且联系到这种市场经济的最脆弱的环节——货币金融体系的运行。显然，这三位伟大的思想家所研究的绝不是生产函数的技术关系，而是由社会关系所决定的特殊的资本主义市场经济的游戏规则和运行规律。

2. 市场经济的本质——以货币为基础的竞争

正如我们前面讲到的那样，竞争是构成社会经济运行的核心，在人类历史上一直扮演着重要的角色。在资本主义经济制度产生之前，人们之间的竞争并不直接联系到物质产品的生产，而更多的是政治和武力，像奴隶社会和封建社会中对人的直接统治与剥削关系。市场经济或资本主义经济中的竞争则转向了生产领域，并且极大地扩展了竞争的范围，每一个人都可以参与这种技术发明和产品创造的竞争，这是市场经济得以使生产力飞速发展的重要原因。而市场经济下的竞争是不可能离开货币的，正是货币作为竞争的目的和手段这一点使市场经济区别于其他的经济形态。

人们在讨论市场经济作为一种分散决策的交换经济时总是要提到分工。分工能够提高劳动生产率或技术进步，其原因在于人们头脑的分工，这种头脑的分工可以促进知识的增长。例如 100 个人从事同样的工作和研究同样的问题，可能产生重复劳动。但如果这 100 个人从事不同的工作，在各自的领域里进行研究和发明，就可能产生 100 种生产各种产品的知识。当然，人们之间可以通过学习来互相了解这些知识（而不是亲自发明），但这依然会损失效率，因为每个人头脑的能力是有限的。这样，最有效率的方法是每个人用他专门的知识生产出产品，然后大家共享，就等于每个人都获得了所有知识的成果。因此，在市场经济中，每个人占有的知识与信息是不同的，而且会有新知识不断地被发现。这里需要提及的是，在新古典一般均衡模型中，不存在知识的垄断和有偿转让问题，认为一个人发现了新的知识就会无偿地告诉别人。显而易见，这一假设并不符合实际情况。实际上，市场经济中的竞争正是以知识和信息的垄断为基础的。让我们举例子来说明这一问题。比如有甲和乙两个生产者，他们的生产率是不同的，甲生产者在单位时间里可以生产 10 个产品，乙生产者只能生产 5 个产品，这种生产率的差别是由于技术不同，只要甲把生产方法告诉乙，乙也可以生产 10 单位产品。但这里的博弈规则是，甲是不会无偿地把他的技术告诉乙的，除非能够有利可图。

如果这里存在价格变动，人们就可能通过投机来获取利润。例如，这里将出现商人，他通过贱买贵卖获取利润。然而，这个商人在买卖过程中必须拥有货币，因为他必须使用货币签订契约以保证交易的进行，这联系到竞争的市场经济的博弈规则，即每一个人基于他自己的信息和预期在特定的时间进行交易，不论获利还是亏损，他将承认交易的结果，这正是现实的竞争。货币作为传统的、习惯的或制度的原因被用于这种交易，这种使用货币的交易是竞争的最充分体现，即当货币被支付时就意味着交易完成，或交易双方根据自己的信息对契约的认可而不能根据（个人的）信息变动而反悔。正是因为这种契约的性质或博弈规则，使得货币成为一种特殊的信用关系或最简单和最直接的信用关系。这样，每个人占有的货币或信用关系将决定他签订契约的能力或他的支配能力，如一个商人如果没有货币就不能使用他的有利的信息来获取利润，因为他不能在特定的时间和价格条件下把商品买到手。这种市场交易的过程决定了货币作为信用保证的意义，这种交易过程中的买和卖两个环节是交易双方信息博弈的结果，而每个人头脑中的信息和市场价格则是瞬息万变的，货币交易则意味着交易的完成。

现在引入生产，这会得到一个使用货币契约的生产模型，即资本家使用货币（契约）雇佣工人和购买生产资料，然后进行生产和出售产品以获取利润。从某种意义上来说，这与商人的贱买贵卖是相同的，但这与资本主义之前的商人模型有重要的区别，货币成为支配他人的手段，资本家通过对劳动的支配，把新的技术应用于生产以与他人竞争。货币作为价值标准或货币价格是极为重要的，它不仅能够传递信息和简化经济计算或降低交易成本，而且作为一种信用关系是竞争的手段和标准。另一方面，企业要扩大生产就要进行资本积累，这里的资本积累当然不是新古典理论的机器的堆积，随着技术进步，生产机器的工人一定会越来越少。这里的利润和资本积累只是纯粹的货币价值符号的增加，即竞争的目的只是为了纯粹的价值符号——货币，而货币供给的增加一定会使企业利润增加，它构成了整个社会经济活动的核心。

货币供给的增加会带来企业利润增加，从而刺激追求利润最大化的企业为了获得更多的利润而增加投资，投资的增加会进一步引起利润增长，由此促进名义 GDP 不断攀升。从实际经济的经验来看，货币供给量增长率和名义 GDP 增长率具有极高的相关性。

这种追求货币的竞争才是市场经济最本质和最核心的内容，而发展中国家要实现经济的市场化实质上就是要实现经济的货币化，即一方面要使各微观经济主体都采取市场化运行，以利润最大化为最终目标；另一方面，加快金融深化的过程，建立并完善金融体系，使货币供应量稳步上升。

第三章　发展中国家经济发展的核心问题
——有效需求问题

第一节　从供给短缺到需求不足

第二次世界大战以后，发展中国家相继取得了民族解放和政治独立，由于长期的殖民统治和战乱的影响，当时的发展中国家百废待兴，与需求相比较，供给严重不足。因此，经济学家和发展中国家的政府官员们一致认为，发展中国家需要应对的主要问题是供给不足，必须尽一切努力增加供给、摆脱短缺，至于供给增加后能否找到足够的需求则显得无足轻重。

与之相对应，20 世纪 50－70 年代，供给导向的发展政策盛行。在这一时期，大多数发展中国家都制定了雄心勃勃的工业化计划，希望在较短的时期内摆脱短缺的贫困，增强自身的综合国力。例如，在印度前 4 个"五年计划"中，核心问题一直是如何以最快的速度扩张生产能力。其中，特别受政府重视的供给政策有二：一是采取措施（诱导性的或强制性的）尽可能多地吸收储蓄；二是协调各个工业内部的生产计划，以避免出现供给上的瓶颈。在印度计划经济时期内，为了尽可能快地促进储蓄的增长，国内产品的生产率急速上升，从 1950－1951 年度 6.83％上升到 1984－1985 年度的 18.7％，但与此同时，印度的收入分配状况也在逐步恶化。[1]与之相似，我国在建国后也开始实行"赶超战略"，就是在短期内把综合国力搞上去，其结果是从 1949 年到 1960 年，我国的社会总产值增长了 381％，平均每年增长 35％，但与此同时，由于采取牺牲农村和农民利益的工业化策略，我国城市与农村收入分配差异逐渐拉大，为以后的经济发展留下严重的隐患。

---

① Rakshit, M. Studies in the Macroeconomics of Development Countries[M]. Oxford University Press, 1989: 23.

从 20 世纪 60 年代开始，不少坚持供给导向发展战略的发展中国家发现，在本国经济尚未走出不发达境地之前，已经面临严重的生产能力过剩问题。正如吉利斯等人所言，"低收入国家尽管资本稀缺，但现有的资本设备仍然常常得不到充分的利用。在许多国家，工厂的生产能力利用率仅为 30%－60%。轮班工作是罕见的，拖拉机闲置在田间，推土机停放在路旁。如果能够找到某种方法提高资本的利用率，并将那些闲置的资本投入使用，那么，即使没有新投资的发生与投产，在短期内对劳动力的需求也会明显地增加。不尽如人意的是，如此诱人的前景却难以实现"。[①]

在印度，"从（20 世纪）60 年代到 80 年代，除了 1967 年和 1968 年两年出现了需求过剩的情况外，印度主要工业部门内部一方面存在大量的生产过剩现象，另一方面工业增长速度又非常缓慢，有效需求不足的特征表现得非常明显"[②]。由于需求不足，生产能力未能得到充分的利用，结果使失业率一直居高不下。

在我国，由于在很长的时期坚持计划经济体制，90 年代以前，中国的经济增长基本上没有受到需求约束。然而，在"九五"计划开始实施后不久，这个问题就彻底暴露出来。

首先，消费品存在严重供大于求现象。原内贸部（现合并到经贸委）对 600 余种主要商品供求平衡状况的调查结果清楚地显示，从 1995 年到 1998 年，我国供过于求的产品数量在上升，供不应求产品的数量在持续下降，如表 3.1 所示。

表 3.1　1995－1998 年我国商品供求平衡状况变化

时间	供不应求商品比重	供求平衡商品比重	供过于求商品比重
1995 年上半年	14.4	67.3	18.3
1995 年下半年	13.3	72.3	14.6
1996 年上半年	10.5	74.5	15.0
1996 年下半年	6.2	84.7	9.1
1997 年上半年	5.3	89.4	5.3
1997 年下半年	1.6	66.6	31.8
1998 年上半年	0.0	74.2	25.8

资料来源：韩文秀. 买方市场条件下的宏观调控[J]. 管理世界，1998（05）：22－31.

---

① 德怀特·H. 波金波，斯蒂芬·拉德勒，唐纳德·R. 斯诺德格拉斯，等. 发展经济学[M]. 北京：中国人民大学出版社，1998：235.

② Rakshit, M. Studies in the Macroeconomics of Development Countries[M]. Oxford University Press, 1989: 65.

其次，生产能力利用明显不足。1995 年，全国有半数产品的生产能力利用率在 60％以下。其中，照相机仅为 13.3％，电影胶片为 25.5％，电话单机为 51.4％，彩电为 46.1％，家用洗衣机为 43.4％，自行车为 54.5％，内燃机为 43.8％。一些重要产品的生产能力利用不足，如大中型拖拉机为 60.6％，钢材为 62.2％。①另据国家统计局 1996 年全国工业普查结果，被调查的 17 种工业产品中，生产能力利用率低于 60％的有 8 种，其中，化工原料、空调器的利用率不足 40％。

最后，价格水平持续下降。（1）全国消费品零售价持续下跌。1997 年中国商品零售价格指数仅为 0.8％，1998 年物价不仅不上升，反而下降了 2.6％，1999 年再度下降了 3％，2000 年进一步下降 1.5％。居民消费价格指数也在不断下降。1997 年居民消费价格上涨率仅为 2.8％，1998 年、1999 年则分别为 -0.8％和 -1.4％，直到 2000 年还在零通胀上徘徊。（2）农产品收购价格大幅下降。1997 年，农产品收购价格已经全面大幅度下跌，下跌幅度为 4.5％。其中，粮食作物下降了 9.8％，小麦下降了 11.0％，稻谷下降了 13.7％，玉米下降了 13.7％，高粱下降了 21.0％；经济作物下降了 13.7％，水产品下降了 8.3％，干鲜果下降了 11.4％，鲜菜下降了 8.4％。1998 年、1999 年，农产品价格继续走低，环比增长率分别为 -8％和 -12.2％。（3）工业品出厂价格水平呈下降趋势。早在 1997 年从 14 个工业部门工业品出厂价格指数上涨率看，有 9 个部门已出现了负增长，其中造纸工业价格指数下降了 5.5％，化学工业下降了 4.5％，冶金工业下降了 2.7％，纺织工业下降 6％。1997 年全国工业品出厂价增长率为 -0.3％，1998 年为 -4.1％。②

此外，商品产销率也呈普遍下降的趋势。从工业品方面看，1998 年工业品产销率仅为 96.57％，产品库存大约 6094 亿元，占 GDP 的 7.7％，占工业附加值的 18.2％，占工业销售收入的 9.6％。③农产品更是大量积压，迫使粮价下跌，农民的利益遭受重大损失。

发展中国家遇到的这种新现象不禁使人们疑惑，发展中国家的主要经

　　① 洪银兴. 论买方市场条件下的结构调整[J]. 中国工业经济，1997（08）：10.

　　② 胡鞍钢，我国通货紧缩的特点、成因及对策[J]. 管理世界，1999（03），转引自王检贵. 劳动与资本双重过剩下的经济发展[M]. 上海：上海三联书店、上海人民出版社，2002：216.

　　③ 胡鞍钢. 我国通货紧缩的特点、成因及对策[J]. 管理世界，1999（03），转引自王检贵. 劳动与资本双重过剩下的经济发展[M]. 上海：上海三联书店、上海人民出版社，2002：217.

济特征究竟是短缺还是过剩？发展中国家需要应对的主要问题究竟是供给不足还是需求不足？很多发展经济学家开始尝试从需求的角度来解释发展中国家的经济发展问题。

第二节　凯恩斯的有效需求理论及其新古典化
——从总量角度的考虑

3.2.1　凯恩斯的有效需求理论

在经济学说史中，尽管自古典经济学开始，经济学家们就对有效需求问题进行了讨论，但这一问题在经济学的研究对象中长时期处于从属地位。直到 20 世纪 30 年代，随着凯恩斯《通论》的出版，有效需求问题才真正成为经济学界所关注的核心问题。当代经济学中关于有效需求理论的讨论，主要是围绕着凯恩斯的有效需求理论进行的。本节首先对凯恩斯的有效需求理论进行阐述。

3.2.1.1　对于有效需求概念的阐释

从亚当·斯密到大卫·李嘉图和马尔萨斯，几乎所有的经济学家都运用过有效需求概念，但他们对这个概念的界定互不相同，造成很大混乱。凯恩斯在《通论》中，第一次以明确的经济学语言对有效需求的概念做出了界定，使后人在讨论这个问题时，有了可以遵循的共同标准。

凯恩斯首先定义了总需求："由某特定就业量所产生的总所得（即要素成本加利润），为该就业量之收益。在雇主心目中，每一就业量有一个最低预期收益，若低于此数，便不值得提供该就业量；此最低预期收益，可称为该就业量所产产物之总供给价格——令 Z 为雇用 N 人所产产品之总供给价格，Z 与 N 之关系，可写作 $Z=\varphi (N)$，称之为总供给函数。同样，令 D 为雇主们预期由雇用 N 人所能获得之收益，D 与 N 之关系可写作 $D=f(N)$，称之为总需求函数。"[1]在凯恩斯看来，企业家为了获得最大利润，需要从供给和需求两方面来考虑生产应达到什么样的规模，雇佣的就业量是多少。在供给方面，每个企业家都预期所雇佣的一定就业量生产出来的产品，能够得到这样一种"卖价"，这个卖价应该不低于企业家在经营生产时

---

① 凯恩斯. 就业、利息和货币通论[M]. 北京：商务印书馆，1983：24.

所付出的生产要素的成本加上他所预期的最低利润之和，否则他就不会进行生产。把所有这些企业家的"卖价"加起来，就是所谓"总供给价格"。在需求方面，全体企业家也有一个预期，即预期他们在雇佣一定的工人时，社会购买这些工人生产的商品所愿意支付的价格，这就是总需求价格。

　　对于有效需求，凯恩斯写道："今设当 N 取某特定值时，预期收益大于总供给价格，即 D 大于 Z，则雇主们见有利可图，必欲加雇工人；必要时不惜抬高价格，竞购生产元素；直至 N 之值，使 Z 与 D 相等而后止。故就业量决定于总需求函数与总供给函数相交之点，盖在此点，雇主们之预期利润达到最大量。D 在总需求函数和总供给函数相交点时之值，称为有效需求。"[①]可见，按照凯恩斯的观点，有效需求是总供给和总需求函数的交点，它是一个均衡点，这一点来自企业家利润最大化的决策，由此将决定产出和就业。我们可以用图 3.1 表述凯恩斯的有效需求。

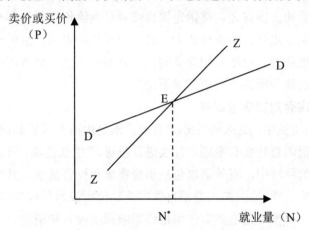

图 3.1　凯恩斯有效需求概念的图形表述

　　图 3.1 中的 ZZ 代表总供给曲线 $Z=\varphi(N)$，DD 代表总需求曲线 $D=f(N)$，二者相交于供求相等的均衡点 E。在 E 点，全社会的企业家由于雇佣 N^* 的劳动者而期望得到的产品卖价，正好等于全社会提供 N^* 的就业量所必须得到的买价，此时，企业家得到正常利润。处于 E 点左方的就业量之下，由于 D>Z，企业家会取得超额利润。但这种状态是暂时的，因为这时企业家会增雇工人，使就业量增加并向 N^* 移动。处于 E 点右方的就业量之下，由于 Z>D，企业家会蒙受亏损。但这种状态也是暂时的，因为这时

---

① 凯恩斯. 就业、利息和货币通论[M]. 北京：商务印书馆，1983：25.

企业家为了消除亏损，必然会减少就业量，使它缩小到 N*。只有在 E 点，企业家所期望得到的产品卖价才等于全社会所要求的最低值，于是达到相对稳定的均衡状态，此时的产品卖价或收入即为有效需求，由图 3.1 的 EN* 表示。

可见，凯恩斯的有效需求的意思是：能使社会全部产品都被买掉的购买力，而这笔购买力又是由于生产这些产品而造成的。根据这个概念，凯恩斯对萨伊定律进行了重新解释。他指出，"供给创造自己的需求"必然指 f（N）和 φ（N）在所有 N 的数值都相等，这意味着总供给和总需求曲线重叠在一起。这时候，有效需求及其所代表的就业量就不是有一个唯一的均衡值，而是具有一系列均衡值。如果这样，那么企业家之间的竞争总是会导致就业量的扩大，一直到整个产量的供给不再具有弹性时为止，即总供给曲线变为一条直线。此时有效需求的增加不再会导致产量的增加，这实际上等于充分就业。换言之，萨伊定律意味着总供给价格和总需求价格必将相等于充分就业水平。凯恩斯认为，这个论断是错误的。总供给与总需求曲线并不是重叠的，而是互相交叉的，二者相交之点完全有可能低于充分就业水平，这就是所谓"有效需求不足"。

3.2.1.2　决定有效需求的因素

在《通论》的初稿中，凯恩斯指出："有效需求是由两个因素共同组成，它们分别基于希望消费什么和希望对什么进行投资。"也就是说，凯恩斯认为，在一个封闭的经济中，有效需求包括消费需求和投资需求。其中，投资需求又决定消费需求，原因是消费不再像古典理论所说的是利率的函数，而是收入的函数，而投资通过乘数作用最终影响国民收入和消费。

1. 消费需求

在凯恩斯的需求函数理论中，边际消费倾向的性质非常重要。所谓的边际消费倾向是指在增加的一个单位收入中用于消费的部分所占的比例。凯恩斯认为，由于富人比穷人有更高的储蓄倾向，因此边际消费倾向是递减的。也就是说，随着收入的增加，消费也增加，但在增加的收入中，用来消费的部分所占比例越来越小，用来储蓄的部分所占比例越来越大。在凯恩斯看来，边际消费倾向递减是"一般心理规律"，如果这个规律成立，那么随着收入的增加，在收入和消费之间会出现一个越来越大的缺口，这时候如果不相应地增加投资量来弥补这个缺口，有效需求总量和就业量就会降低，产生有效需求不足和非充分就业。而且凯恩斯认为消费倾向是稳定的，在短期内不易增加，所以，这个缺口就不能靠增加消费来填补，而只能把希望寄托在投资上。给定消费倾向，投资的变动将通过乘数使收入发生变动，并通过收入的变动使储蓄等于给定的投资。当投资由利润所促动时，储蓄将被投资所决定。这种收入－支出模型充分地表明了凯恩斯消费函数的意义，即总收入取决于总支出，从而国民收入的决定并不取决于生产函数，而是取决于有效需求。凯恩斯的消费函数正是表明了这样两点，即消费函数是稳定的并反映收入分配的变动。

凯恩斯还讨论了影响消费函数的客观因素，这些因素是："（一）工资单位之改变；（二）所得与净所得之差别之改变；（三）在计算净所得时并未计及的资本价值之不虞之变；（四）时间贴现率——即现在物品与未来物品之交换比例——之改变；（五）财政政策之改变；（六）个人对其未来所得之多寡。"①凯恩斯所提到的上述因素都联系到收入的测量和变动，所强调的是价值量，这种价值的计量对于讨论技术和时间偏好的变动对消费倾向的影响是非常重要的。因为这些因素涉及过去和未来，从而联系到资本存量价值的变动。特别是凯恩斯强调用工资单位作为计算单位，而工资单位的变动是消费倾向变动的最重要因素，"在一特定情况之下，设我们取消工资单位（以货币计算）之改变，则消费倾向大概是一个相当稳定的函数"。②由此，凯恩斯试图把消费放在整个经济体系中来理解，把消费直接联系到工资，并考虑到与收入和资本存量价值的关系，因为这涉及未来的收入，其所得到的稳定的消费函数的结论与经验是一致的。而且，把消费支出与宏观变量所决定的企业的成本收益计算联系起来，对于分析有效需求问题是非常重要的。

除此以外，凯恩斯在《通论》的第二十二章又指出，可以采取调整收入分配或其他办法来刺激消费倾向。凯恩斯认为，收入分配不均有可能通过降低消费倾向，使消费需求降低，进而导致有效需求不足。

2. 投资需求

在凯恩斯的有效需求构成中，投资需求起着决定作用，投资波动是导致有效需求不足和国民收入波动的主要原因，它是由资本的边际效率和流动偏好两个"基本心理规律"决定的。

---

① 凯恩斯. 就业、利息和货币通论[M]. 北京：商务印书馆，1983：81－84.
② 凯恩斯. 就业、利息和货币通论[M]. 北京：商务印书馆，1983：84.

　　首先，凯恩斯认为，资本的边际效率是"一种贴现率，而根据这种贴现率，在资本资产的寿命期间所提供的预期收益的现在值能等于该资本资产的供给价格"。①它实际上是指厂商计划一项投资时预期可赚得的按复利方法计算的利润率。凯恩斯强调了他的定义与新古典理论定义的区别，第一，新古典的资本边际效率所表达的是"在单位时间内由于增加一个物质单位的资本所引起的物质产品的增量"，而凯恩斯认为对物质资本的单位加以规定的困难是无法解决的。他的概念是指"由于增加一个价值单位的资本所引起的价值产品的增量"。②第二，他认为资本的边际效率应该不是指一个绝对量，而是一个比例，而新古典理论对构成比例的两项数值没有说清，他的概念则明确说明资本的边际效率是预期收益和资本资产供给价格的比例。第三，凯恩斯认为理解他的概念要在有时间的动态的理论中。因为他的概念反映的是"在增加的资本资产的整个寿命期间所预期得到的一系列的价值增量"，而不是"在现有的情况下，使用一定量增加的资本所能得到的价值的增加量"。③

　　凯恩斯认为，资本边际效率的特点在于，它不但在短期内波动不定，而且在长期内有下降趋势。这是由于投资品产量增加时，生产设备所受压力加大，因而成本会提高；更重要的原因是，凯恩斯认为投资者实际上对投资的前景并不了解，他们主要是靠"自发的乐观情绪"进行投资决策，随着投资不断增加，投资者的乐观情绪会减弱，信心会降低，从而导致利润率下降。由此可见，凯恩斯非常强调预期对资本边际效率的影响，认为资本的边际效率"取决于资本的预期的收益，而不仅仅取决于其现行的收益"。④预期的重要性是"它通过对资本边际效率的作用而影响生产新资产的积极性"。⑤凯恩斯认为理解预期对资本边际效率的决定作用很重要，因为预期的不稳定才导致资本的边际效率剧烈波动，而这种波动可以解释经济周期。所以凯恩斯认为他的资本边际效率理论是个动态的理论，预期的存在连接了今天与明天，这种连接的依据是"存在耐久性的机器设备"，正是耐久性机器设备的存在，"经济上的将来和现在能够被连接在一起。因

① 凯恩斯. 就业、利息和货币通论[M]. 北京：商务印书馆，1983：139.
② 凯恩斯. 就业、利息和货币通论[M]. 北京：商务印书馆，1983：141.
③ 凯恩斯. 就业、利息和货币通论[M]. 北京：商务印书馆，1983：142.
④ 凯恩斯. 就业、利息和货币通论[M]. 北京：商务印书馆，1983：145.
⑤ 凯恩斯. 就业、利息和货币通论[M]. 北京：商务印书馆，1983：147.

此，对未来的预期会通过久用性的机器设备的需求价格来对现在施加影响"。

总之，在凯恩斯的理论中资本边际效率是一个货币价值量，而不是实物量，这个货币价值量的特征是它决定于企业对未来的收益预期，资本主义货币经济中企业之间的竞争关系通过影响企业预期的货币收益来影响资本的边际效率，进而通过资本边际效率与利率的比较决定了企业的投资需求以及产出和就业。

其次，凯恩斯认为每个人都有偏好"流动性"，而货币是流动性最大的资产，人们一般都偏好于持有现金货币，因此，流动偏好也可以理解为货币需求。要把现金贷给别人，就必须要求放弃流动性的代价，这就是利息。凯恩斯之前的经济学派一般认为利息率是由投资、储蓄的均衡决定的，而凯恩斯则认为利息率是由货币供给和需求的均衡决定的，而投资、储蓄的均衡反倒是由消费倾向、资本边际效率和利息率决定的，即以前经济学的理论是本末倒置。所谓"流动偏好规律"就是说，货币的供给数量可由政府当局控制，因此可认为是不变的，此时利息率是由流动偏好（即货币需求）决定的。凯恩斯进一步指出，流动偏好产生于人们心理上的三种心理动机，即交易动机、谨慎动机和投机动机，其中前两个动机决定于收入水平，基本上同利率无关；而出于投机动机对货币的需求量则是利率的函数。按照凯恩斯的观点，由流动偏好决定的利息率极有可能低于资本边际效率的下降幅度，这是因利息率由"社会成规"决定，因此具有相当大的稳定性；而资本边际效率则由投资者的心理因素决定，因此"易于变动""非常不稳定"。如果利息率的下降幅度低于资本边际效率的下降幅度，就将引起投资不足和有效需求不足。此时储蓄的一部分因未转化为投资而成为闲置资金，市场上的投资品因需求不足而出现积压。资本市场上的闲置资金与商品市场上的过剩投资品将互相对应。

综上所述，凯恩斯的有效需求理论是把有效需求放到整个经济体系来理解的，是与企业的成本收益计算相联系的，其本质是要以此来解释市场经济的动态货币关系。然而，主流宏观经济学的研究却完全抛弃了这种有效需求的分析，只是采用没有货币的生产函数模型加上刚性价格（工资）来解释经济波动，这导致了分析上的严重错误。

3.2.2 凯恩斯有效需求理论的新古典化

从《通论》出版之日起，主流经济学家们就开始研究它并试图使其与新古典理论相调和。经过一系列的研究，他们终于完成了对有效需求理论进行的"新古典化"改造。

3.2.2.1 IS－LM 模型

对凯恩斯有效需求理论的重新解释始于英国学者希克斯和美国学者汉森的 IS－LM 模型，希克斯和汉森指出，凯恩斯的有效需求理论中存在着循环论证的问题，即按照凯恩斯的理论，在商品市场上，要决定收入必须先决定利率，否则投资水平无法确定；在货币市场上，如果收入水平不确定，那么利率又无法确定，而收入水平又是在商品市场上决定的，因此利率的决定又依赖于商品市场。这样，利率通过投资影响收入，而收入通过货币需求又影响利率；或者反过来说，收入依赖于利率，而利率又依赖于收入。希克斯和汉森认为，要解决这个矛盾，必须设法使收入、利率不相互影响。凯恩斯本人绕开矛盾的办法是：他在讨论商品市场上总收入的决定时，假定货币市场上已经存在均衡利率；而在讨论货币市场上利率的决定时，又假定商品市场上已经存在均衡的总收入。但希克斯和汉森不满足于凯恩斯回避矛盾的做法，他们把商品市场和货币市场结合起来，建立了一个商品市场和货币市场的一般均衡模型，即 IS－LM 模型，以解决循环推论的问题。

IS－LM 模型有一个重要的假定，即假定价格不变。这个假定是在既定的价格水平下研究商品市场与货币市场如何共同决定国民收入。换句话说，希克斯和汉森沿用了新古典理论的习惯，将所有的宏观变量分为名义变量和实际变量，而他们研究的正是除去通货膨胀因素影响的实际变量。

IS 这一缩写所表示的含义就是投资等于储蓄，即 I＝S，其中投资 I 是实际利息率 r 的函数，储蓄 S 是实际收入 Q 的函数，因此 IS 曲线的用方程可表述为 S（Q）＝I（r），它代表商品市场供给与需求相等时所有实际国民收入和实际利息率组合点的轨迹。在 IS 曲线以外的点，国民经济的注入量与漏出量不相等，表示商品市场处于非均衡状态。按照希克斯和汉森的观点，此时商品市场的自动调节机制会发生作用，使实际收入发生变化，直至实现均衡，如图 3.2 所示。

LM 这一缩写所表示的含义就是货币需求等于货币供给，其中，货币需求 MD 为实际利息率 r 和实际国民收入 Q 的函数，而货币供给 $\frac{MS}{P}$ 被假定为由中央银行控制的既定的常量，因此 LM 曲线用方程可表述为 $\frac{MS}{P} = MD(Q,r)$，它代表货币市场上供给与需求相等时所有的实际收入和实际利息率结合点的轨迹。在 LM 曲线以外的点表示货币市场处于非均衡状态。同样，在希克斯和汉森看来，此时货币市场的自动均衡机制会发生作用，使实际利息率发生变化，直至实现均衡，如图 3.2 所示。

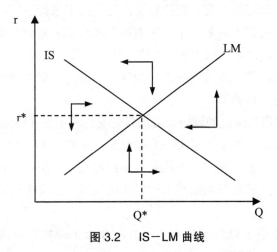

图 3.2　IS－LM 曲线

　　IS 曲线与 LM 曲线的交点代表商品市场与货币市场的"一般均衡"。在这个模型中，由于 IS、LM 曲线都可以表示为实际国民收入和实际利率的组合，所以这两条曲线的交点，即商品市场和货币市场的均衡点，可以同时决定均衡实际国民收入和均衡实际利率。在图 3.2 中，均衡实际利息率为 r^*，均衡实际国民收入为 Q^*。

　　IS－LM 模型对凯恩斯的理论进行了"悄悄"的修改，使其走上了"新古典化"的道路。在凯恩斯的有效需求理论中，收入、消费、投资、边际资本效率等宏观经济变量都是与企业的成本收益计算相联系的货币量值。但是，希克斯和汉森却用新古典的实物量值生产函数改造凯恩斯的有效需求理论，把所有宏观变量演变为对实际量值的分析，货币重新成为中性的了。希克斯本人在 1981 年也曾指出，IS－LM 模型背后隐含着深刻的新古典主义思想。可见，几乎从凯恩斯理论诞生时候起，"凯恩斯革命"就被纳入了新古典主义的框架。

3.2.2.2　价格−工资刚性

凯恩斯理论"新古典化"的下一步是英国学者庇古（Pigou）著名论文《古典主义的静态》的发表。庇古在这篇论文中认为，价格水平的下降会产生一种"财富效应"，即价格的下降使货币更加值钱，因此，债权人变得越来越富有。这被称为"庇古效应"。按照庇古的说法，当价格下降时，人们感到自己的财富增大，从而会增加他们的有效需求，反之就会缩减有效需求。这样来看，只要价格能够自由升降，有效需求不足问题就不会存在。如果暂时出现有效需求不足，则价格会因为供过于求而下降，人们就会因为"庇古效应"而扩大有效需求，从而使宏观经济恢复均衡状态。凯恩斯所说的有效需求，只不过产生于"价格刚性"即价格不能下降的情况。"庇古效应"的引入，使"凯恩斯革命"的意义缩减为"价格刚性"这一个宏观经济中出现的"特例"。

在"庇古效应"问世的同时，美国学者莫迪利安尼（Modigliani）又把劳动力市场和实际工资引入了 IS−LM 模型，从而把 IS−LM 模型扩展为商品、货币和劳动力市场的三重均衡。通过对三重均衡的分析，莫迪利安尼将凯恩斯的有效需求理论缩减为一般均衡模型中名义工资具有下降刚性时的"特例"。

三重均衡模型可以表示为由六个方程和六个未知数组成的联立方程组，从而会有唯一的解。

$$L^d\left(\frac{W}{P}\right) = L^S\left(\frac{W}{P}\right) \rightarrow L^*, \left(\frac{W}{P}\right)^* \tag{3.1}$$

$$Q = F(L) \rightarrow Q^* \tag{3.2}$$

$$\left.\begin{array}{l} S(Q) = I(r) \\ MD(Q,r) = \dfrac{MS}{P} \end{array}\right\} \rightarrow r^*, P^* \tag{3.3}$$
$$\tag{3.4}$$

$$W = \left(\frac{W}{P}\right)P \rightarrow W^* \tag{3.5}$$

式（3.1）是劳动需求函数和劳动供给函数，可以把它看作两个方程，它决定劳动的均衡供给量 L* 和实际工资率 $\left(\frac{W}{P}\right)^*$；式（3.2）是新古典实物量值生产函数，决定均衡实际国民收入（或产量）Q*；式（3.3）和式（3.4）是 IS−LM 曲线，决定均衡实际利息率 r* 与一般价格水平 P*；式（3.5）是货币工资率 w^* 的决定方程。

在图 3.3 中，图（a）为劳动市场，表明劳动的供给与需求同时决定均衡的实际工资率（$\frac{W}{P}$）*和充分就业水平 L*；图（b）是生产函数，给定劳动市场的充分就业 L*会有充分就业的实际国民收入 Q*；图（c）是 IS－LM曲线，与希克斯和汉森的 IS－LM 模型不同，这里价格或实际货币供给量是内生变量，在该模型中均衡实际利息率 r*与均衡价格水平 P*是同时决定的，而且均衡实际利息率与价格同时反映给定的充分就业收入水平 Q*；图（d）为货币工资率，给定充分就业的实际工资率（$\frac{W}{P}$）*和均衡价格水平P*，决定均衡名义工资率 W*；图（e）是商品市场均衡，它是这一模型的核心，在图（e）中，总供给曲线 AS 是一条位于充分就业水平国民收入上的完全无弹性的曲线，它与总需求曲线 AD 的交点决定均衡价格水平 P*，在这一均衡价格水平条件下，商品市场将被出清，并达到充分就业的实际国民收入水平 Q*。此时，包括商品市场、货币市场和劳动力市场在内的所有市场达到了同时均衡。

如果经济初始不是位于均衡点，那么市场的自动机制会怎样进行调整呢？在图 3.3 中任意给定一个价格 P_0，在图（e）中会有一条 LM（P_0）曲线，与 IS 曲线相交得到一个均衡点（r_0, Q_0），决定着图（e）中的总需求Q_0，这样在价格为 P_0 时，商品市场会有过度供给 ES。但这种总供给超过总需求的状态是不稳定的，商品市场的过度供给会使价格水平下降，当价格水平下降到 P*时，会使图（e）中的 LM 曲线向右方移动，即从 LM（P_0）移动到 LM（P*），使之与 IS 曲线交于（r*, Q*）点，从而使商品市场的供给与需求相等并达到充分就业。因此，如果假定价格与工资率具有完全的伸缩性，当 IS－LM 模型能够正常运转时，三重均衡模型将有唯一的稳定点，即充分就业点。

但是，莫迪利安尼指出，如果名义工资率的下降具有刚性，宏观经济就会持续处在非均衡的状态。如在图 3.3 中，如果要使实际国民收入由 Q_0上升到 Q*，名义工资率必须由 W_0 下降到 W*，在工资具有下降刚性时，这往往是不能实现的。因此，实际工资率将从（$\frac{W}{P}$）*上升到（$\frac{W}{P}$）$_0$，导致劳动供给超过劳动需求，存在着失业。莫迪利安尼认为，凯恩斯的有效需求理论正是一般均衡模型中名义工资具有下降刚性时的"特例"。

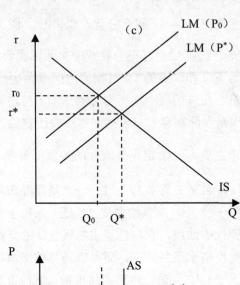
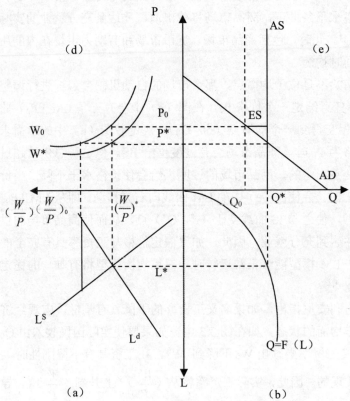

图 3.3　三重均衡模型

　　在莫迪利安尼之后，帕廷金将庇古效应与扩大了的 IS−LM 模型结合起来，重新解释了价格−工资刚性的作用。帕廷金认为，在不存在名义工资刚性和价格刚性的条件下，如果宏观经济处于 W_0 和 Q_0 的过剩非均衡水平，则市场机制会使其自动恢复均衡水平。这个过程是：名义工资的下降推动厂商增加劳动投入和商品供给；商品供给增加的压力将迫使商品价格下降；价格下降引起的"庇古效应"增加了人们手中财富的"实际余额"（real balance），人们因为变得富有而增加需求，从而恢复供需均衡，实现充分就业。可见，这个过程中的关键是名义工资、价格弹性，若名义工资或价格具有刚性，就会阻碍庇古效应作用的发挥，即阻碍人们所拥有财富的"实际余额"的价值上升，从而阻碍了消费支出乃至总需求的上升，这是前面宏观经济不能自动趋向均衡的具体传导机制。帕廷金的这篇论文，实际上实现了价格、工资刚性的结合。至此，凯恩斯理论被修改成"价格−工资刚性"理论，它的新古典化也基本完成。

　　以 IS−LM 模型为起点，主流经济学家对凯恩斯的有效需求理论进行了"新古典化"改造。通过这一系列重大修改，新古典主义者摒弃了凯恩斯一再强调的时间和预期的不确定性的作用，凯恩斯与新古典主义的重大分歧被缩减为货币的性质和对价格、工资是否具有刚性的讨论。被"新古典化"的凯恩斯主义，也因此演变成为二者的综合，即"新古典综合派"。目前这种讨论是在新古典宏观经济学与新凯恩斯主义之间展开的。其中凯恩斯学说的当代继承人——新凯恩斯主义者，把主要精力放在了研究价格−工资刚性的"微观基础"上。他们在分析中加入了"厂商利润最大化""家庭效用最大化"等新古典色彩的假设，又吸纳了新古典宏观经济学的理性预期假设，然后用"菜单成本""协调失灵""不完全竞争"等微观因素解释价格刚性，用"隐含合同""效率工资"等因素解释工资刚性。他们的研究成果，可以说继承了新古典综合派对凯恩斯理论的修改，更加完备了"价格−工资刚性"理论。那么，凯恩斯的《通论》在今天的西方主流经济学界还剩下什么呢？西方学者就此指出："二者（指《通论》与当代经济学）越来越缺乏联系，《通论》的地位已经被缩减到仅仅为现代宏观经济学提供了一个神秘的起源。"[1]

　　20 世纪 70 年代兴起的货币主义，是新古典综合派和凯恩斯有效需求

---

　　[1] Pally, Thomas. Post keynesian economics[M]. Macmillan press, 1996：37.

理论的坚定反对者。然而，货币主义不过是"价格－工资刚性"理论的变种。例如弗里德曼认为，资本主义经济的一大特征就是自然失业率的存在，即"含有劳动市场和商品市场的结构性特征，并建立在瓦尔拉斯一般均衡等式基础上的失业率水平"。①从含义上看，自然失业率相当于在总量均衡和结构均衡同时达到时仍存在的失业率。弗里德曼坚持认为，对自然失业率的偏离应归咎于某些预期错误。在他看来，工人同意在一个给定的货币工资水平上工作，并预期有一个特定价格水平。如果价格水平因为货币数量增加而上涨到高于预期的水平，则工人的实际工资就会低于原来预期的实际工资。如果厂商在这个较低的工资水平上雇佣利润最大化数量的劳动，则工人由于适应性预期的作用，会在短期内提供更多的劳动，这时，产出和就业量都会偏离均衡水平。然而，这种偏离只是短期的，因为工人会迅速调整对货币工资的需求和劳动供给，要求增加名义工资以便恢复实际工资水平，厂商也将因为实际工资提高而削减生产，从而使宏观经济自动恢复均衡水平。可见，在货币主义的框架中，价格和名义工资仅仅在短期内不发生变化，而这是由于人们的预期错误而暂时存在的情况。这个理论尽管反对"价格－工资刚性"，但它关注的焦点是把"价格－工资刚性"的原因归结于短期内人们的预期错误，而在长期中二者是不存在刚性的。可见，货币主义者只是在这个理论框架内活动，并未跳出这一框架。

在货币主义者之后兴起的新古典宏观经济学则把货币主义的观点又向前推进了一步。与弗里德曼相似，他们也认为由于预期错误，宏观经济只能暂时偏离充分就业的均衡水平，但他们进一步限制了"预期错误"的范围。新古典宏观经济学的创始人之一，美国学者约翰·穆斯认为，人们可以通过有效利用一切信息，准确知道未来经济的结构和概率分布，并得到"与相关经济理论的预言基本一样"的预期，这种预期将符合经济现实。所以，即使在短期内，人们也不会产生预期错误，价格和工资可以随经济情况变化自由伸缩，宏观经济不会偏离均衡水平。只有在"意料之外因素"的冲击下，人们的预期才可能发生错误，使价格、工资变量暂时偏离均衡水平。因为人们不可能具有完全信息，特别是无法预期各种偶然情况，如政府的意外政策变动等。但这种偏离只是"偶尔"的，不可能经常出现，因此价格和工资即使在短期内也不具有刚性。这个论点与"萨伊定律"的

---

① Friedrnan, M. The role of monetary policy[J]. American Economic Review, 1968 (03).

原版比较相似，萨伊本人就主张经济中的供需失衡来源于"偶然因素"。可见，新古典宏观经济学是对萨伊定律的回归，但它的分析框架的主要目的之一，仍是对价格、工资是否具有刚性的讨论，仍未跳出这一理论范式的圈子。

时至今日，用货币领域和实际领域的两分法以及"价格－工资刚性"解释有效需求的理论范式，仍然占据西方主流经济学论坛。这一理论范式已经在相当大的程度上"修正"了凯恩斯的理论，使"凯恩斯革命"的主要内容变成了"特例"。特别是在今天，宏观经济学的任务已被缩减为几个有限变量的讨论，而凯恩斯本人的学说日渐"淡出"经济学界。主流宏观经济学的如此演变，使它解释现实的能力遭到削弱，并造成政府宏观经济政策的严重失误。

3.2.3　"凯恩斯主义"政策及其绩效

凯恩斯主义经济主张的核心，就是由政府主动干预经济生活，刺激消费和投资，借此刺激有效需求。这主要是通过财政政策和货币政策实现的。

1. 财政政策

财政政策是凯恩斯主义"反危机"措施的主要手段，其要点是通过税收和财政支出，直接控制消费和投资，从而使总供给和总需求达到均衡状态。具体而言，当经济出现有效需求不足时，政府可以采取以下措施：第一，减少税收。这会使消费者的收入随着税收的调减而增加，收入的增加表明消费空间的扩展。那么，消费的增加反过来引起生产的扩大，从而增加投资，其结果必然导致需求的扩大。第二，增加财政支出，主要是增加政府购买和公共事业开支。这样，既可以直接扩大投资和需求，以补充私人投资和私人消费之不足，又可以间接刺激私人投资和私人消费的扩大。政府减少税收和扩大支出的结果，会出现财政赤字，因此相应还有一个"财政赤字政策"。赤字财政表示国家预算不能够平衡，政府的货币支出大于货币收入，流通中所需要的货币量增加，引起通货膨胀。解决这个问题的办法是发行公债，等到经济形势好转再偿还公债。

2. 货币政策

货币政策是凯恩斯主义"反危机"措施的辅助手段，其要点是通过中央银行增加或减少货币发行量影响利息率，进而通过利息率的变化刺激投资和消费，从而使总供给和总需求达到均衡状态。凯恩斯的货币政策包括以下三方面的内容：（1）贴现率政策。这是通过间接调节通货实现金融统治为目的的政策。在有效需求不足的情况下，降低贴现率，促使商业银行向中央银行借款。这样，商业银行不但可以不抽回对私人企业的贷款，而且可以扩大对私人企业的贷款。贷款的扩大增加了货币流通量，降低了利息率水平，促进企业的投资，从而增加总收入，扩大总需求。（2）公开市场政策。实行上述贴现率的调节政策，商业银行和企业处于被动地位。如果商业银行和企业实力雄厚，对中央银行的依赖程度不深，贴现率的升降就难以发挥显著效果。所以，政府必须有主动性地开放市场政策配合运用，具体实施的办法主要是通过证券的买卖控制市场信用。在有效需求不足的情况下，市场银根吃紧，物价下跌，生产呈现萎缩，中央银行收买大量证券，投放出大量资金，可以增加市场通货，使利息率下降，借以扶持产业发展，扩大总需求量。（3）准备金政策。这是中央银行在法定权限内，提高或降低各银行各种贷款的准备金比率，借以削减或增加商业银行创造信用的能力的政策。所谓存款准备金，是银行按照存款余额依照中央银行核定的比率，存入中央银行的存款及本行库内的现金。商业银行的存款能力与存款准备金成反比。准备金越高，银行自身的存款量就越小，反之就越大。在有效需求不足的情况下，中央银行可酌情降低存款准备金率，以加强商业银行的货币创造能力，增加市场上的货币量，降低利息率的水平，从而增加企业投资，增加总需求。

由此可见，按照凯恩斯主义政策，解决衰退也就是需求不足的关键是增加总需求，采取的方法是实施积极的财政政策并配合以宽松的货币政策。但实际上，在总需求中，消费需求是最终需求，它主要取决于工资和收入流量，后者又受制于生产状况。而投资需求则属于引致需求，它一方面受到消费需求的限制，另一方面通过作用于存量资本影响工资收入流量。流量与存量之间相互影响，相互制约，只有存量与流量同时达到均衡，结构性有效需求得以维持，经济增长才能保持稳定状态。而如果单纯地只是增加总需求的数量，但不调整其结构，结果可能是进一步的衰退。

1991 年 5 月，日本经济结束了持续 54 个月的繁荣，开始进入衰退，并最终转变为一种长期萧条。萧条持续了十几年，除了个别年份外，GDP 增长率持续下降，失业率则一直增加（见图 3.4），经济前景毫无起色迹象。这次萧条历时之长，部分经济指标跌幅之大，在世界经济周期史上实属罕见。日本经济异乎寻常的情况吸引了众多经济学家的注意力，他们各自给出了意见各异的诊断书。这些诊断书中所列举的日本经济的病因大致可归结为四大类：周期性因素、经济结构因素、"泡沫经济"破灭因素以及日本特殊的制度因素。虽然对病因的见解众说纷纭，但矛头都直接或间接地指向凯恩斯主义一直信奉的总需求不足。诊断的结果决定了治疗的手段必然是凯恩斯主义的宏观经济政策。日本政府就是按照这种处方处理总需求不足的。

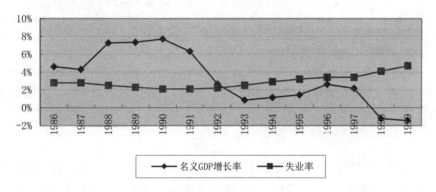

资料来源：中国统计局国际数据．http://www.stats.gov.cn/tjsj/qtsj/．

图 3.4　1986－1999 年日本主要经济指标变动情况

在 20 世纪 90 年代，日本政府总共推出九次利用财政手段刺激景气的经济对策，总额达 129.1 万亿日元，相当于 2000 年度 GDP 的近四分之一（见表 3.2）。政府支出的扩张与税收收入的减少使日本政府赤字和债务总额与 GDP 的比例迅速增加（见表 3.3），日本政府债务余额 2000 年底实际达到了 666 万亿日元，相当于当年 GDP 的 128.5%，约相当于全年税收收入的 15 倍，大大超过了原来的预测。政府投资最终不得不大幅度减少（见表 3.3 第 4 行），说明财政政策已经走到了尽头。

表 3.2　20 世纪 90 年代日本政府实施的财政刺激政策

年度	1992	1993	1993	1994	1995	1998.4	1998.11	1999	2000	总计
金额（万亿日元）	10.7	13.2	6.2	15.3	14.2	16.7	23.8	18.0	11.0	129.1
对 GDP 之比（%）	2.3	2.8	1.3	3.2	3.0	3.3	4.7	3.4	2.1	24.3

资料来源：高保中．结构性有效需求不足：日本长期萧条的理论解释与实证分析[J]．日本学刊，2005（02）：79．

表 3.3　日本政府收支余额、债务占 GDP 的比例与政府投资增长率　（%）

年度	1990	1991	1992	1993	1994	1995	1996	1997	1998	1999	2000	2001[b]
中央政府收支余额占 GDP 比重	–	–	–	-2.6	-3.5	-4.1	-4.4	-4.0	-9.0	-8.0	-7.6	-6.3
全体政府收支余额占 GDP 比重	2.9	2.9	1.5	-1.6	-2.8	-4.3	-4.9	-3.7	-5.6	-7.6	-8.5	-8.5
全体政府金融债务占 GDP 比重	61.4	58.2	59.8	63.0	69.4	76.0	80.6	84.7	97.3	105.4[a]	114.1[a]	122.1[a]
政府投资增长率	–	–	14.5	15.7	3.6	-0.3	9.3	-10.4	-2.6	6.1	-7.3	-4.1

注：a：最初估计值；b：预计值。

资料来源：第 1 行、第 2 行：IMF, World Economic Outlook, Various Issues；第 3 行：Economic Planning Agency, Government of Japan, The Japanese Economy: Recent Trends and Outlook（February 2000），30；第 4 行：IMF Staff Country Reports。转引自：高保中. 结构性有效需求不足：日本长期萧条的理论解释与实证分析[J]. 日本学刊，2005（02）：80.

　　为配合积极的财政政策日本政府推行了宽松的货币政策，日本银行数次下调官方利率，使利率从 1990 年的 6.00%，下降到 1991 年的 4.50%、1992 年的 3.25%、1993 年的 1.75% 和 1995 年的 0.50%，直至 2002 年的 0.10%，官方利率几乎为零。

　　但是，力度如此大且代价如此高的经济政策效果并不明显，经济增长除了 1996、1997 两年内稍有反弹，其他时间经济毫无起色，并有恶化的趋势（详见图 3.4）。针对总量需求不足的凯恩斯主义经济政策不但不能使日本经济走出萧条，反而使萧条更加严重，从而将日本经济拖入了长期萧条的泥潭。

　　与日本相类似，我国 1992－1996 年经济飞速发展，在这段时间内，名义 GDP 增长率不断攀升，年均增长率高达 25.88%，最快的 1994 年增长了 35.01%；而从 1997 年以后我国经济出现衰退，名义 GDP 增长率开始回落，1997－2004 年，年均增长率仅 9.18%，最慢的 1999 年只增长了 4.75%。而与此同时，失业率却不断攀高。1991 年，我国城镇登记失业率仅为 2.30%，到 2004 年这一比率上升到 4.2%，翻了近一番。如图 3.5 所示。

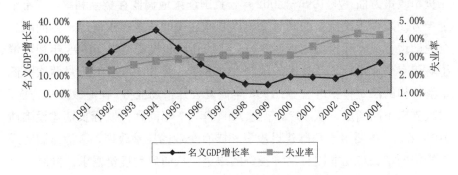

图 3.5　1991－2004 年中国主要经济指标变动情况

对于如何解决我国 20 世纪 90 年代末至 21 世纪初出现的有效需求不足的问题，国内经济学家大致提出了三条基本思路：

第一条思路是认为，我国经济衰退和有效需求不足的原因在于 1998 年以来受东南亚金融危机的影响，我国的外部需求大幅下降，很多外向型企业出口受挫，将不利影响传播到国内其他经济部门，造成需求的不足。因此，要提高需求就应当大力发展我国出口行业的竞争优势，刺激出口。

第二条思路是认为，多年重复建设及行业间低水平过度竞争造成的"供给结构扭曲"是导致有效需求不足的根本原因。或者说，有效需求不足是由于现存供给结构不能满足需求结构的变化，尤其是不能满足消费结构的变化而造成的。所以，必须大力进行结构调整，促进产业升级，减少无效供给。而这种思路显然是值得商榷的。实际上，供给结构之所以"扭曲"，是由于需求结构"扭曲"的结果，而需求结构之所以"扭曲"是由于收入分配结构的"扭曲"，因此，问题的关键应当是调整收入分配结构。

第三条思路是主张通过刺激总需求的凯恩斯主义宏观经济政策来解决有效需求不足的问题，希望通过财政政策和货币政策来增加投资需求以弥补消费需求的不足。这里必须指出，虽然凯恩斯主义的宏观经济政策可以临时达到增加投资、缓解经济衰退的目的，但它不能从根本上解决问题。因为本期投资将转为下一期的资本存量，从而使企业固定成本提高，企业按照成本定价，只能提高价格，这将导致均衡国民收入进一步下降。因此，盲目地调节总需求并不能从根本上解决有效需求问题，反而有可能适得其反，从而使经济进一步衰退。

1996 年以后，为了解决经济衰退的问题，我国政府采取了多方面政策。

在货币政策方面，从 1996－2002 年，我国连续地调低存贷款利率，寄希望于一方面减少居民储蓄的利息支出以刺激居民的消费需求，另一方面减少企业的运行成本和投资成本，增加企业的利润和投资需求；1998 年初取消了对国有商业银行贷款规模的限制；1998 年 3 月和 1999 年 11 月两次降低金融机构的法定存款准备金；1998 年恢复公开市场业务。在财政政策方面，财政支出不断增加，从 1998 年到 2004 年，7 年间累计发行长期建设国债9100 亿元，主要用于基础建设投资和国有企业的技术改造，希望以国有经济投资的增长带动非国有经济投资的跟进，从而启动投资需求；同时加大财政转移支付的力度，提高非企业职工工资水平，1999 年以来连续三次提高机关事业单位职工基本工资标准，月人均基本工资水平由 1998 年的 400元提高到 2001 年的 823 元，增幅达 105.8%。

以上这些政策在短期内起到了一定的效果，阻止了经济增长率的进一步下滑。但是，政策的主要导向是以直接或间接地提高总需求数量为主，却忽略了需求结构的问题。短期内积极的财政政策加大了国有经济的投资力度，但是受财政预算的限制而难以持久，而通过货币政策进行降息的空间也十分有限，更重要的是，如前所述，简单的扩张性的宏观经济政策有可能使得企业资产值进一步提高，从而使企业的固定成本提高，供给价格上升，供给曲线向上移动，这样虽然在短期内可以加快经济的增长速度，但是未来有可能引起更长时期、更严重的衰退。

第三节　收入分配与有效需求——从结构角度的考虑

3.3.1　马克思、卡莱茨基与新剑桥学派的有效需求理论

3.3.1.1　马克思和卡莱茨基的有效需求理论

1. 马克思的社会再生产理论

综观马克思的经济学著作，尽管他本人并未对"有效需求"进行过专门的研究，但是，他的社会再生产理论揭示了社会化大生产按比例发展的规律和要求。在此基础上，很多经济学家发展了从结构角度考虑的有效需求理论。

马克思认为，社会总资本再生产运动以社会总产品的实现作为出发点。他首先从实物形态和价值形态两个方面分析了社会总产品的构成。在

实物形态上，社会总产品分为生产资料和消费资料，社会总生产分为生产资料的生产部类 I 和消费资料的生产部类 II；在价值形态上，每个部类的年产品分成不变资本（c）、可变资本（v）和剩余价值（m）三部分。每个部类的产品由不同种类的使用价值构成。

社会总产品的实现必须通过社会两大部类之间的交换以及两大部类内部的交换来完成，使得社会总产品在实物上得到替换，在价值上得到补偿。马克思从两大部类之间的交换关系以及两大部类内部的交换关系得出，社会资本再生产要均衡地进行，必须在价值上和实物上保持一定的比例。他指出："这个运动不仅是价值补偿，而且是物质补偿，因而既要受社会产品的价值部分相互之间的比例的制约，又要受到它们的使用价值，它们的物质形式的制约。"马克思的社会再生产理论，就是在阐述社会总资本在两大部类之间的按比例分配以及两大部类内部的按比例分配体现出来的。

在简单再生产中，首先，第I部类生产的全部生产资料必须同两大部类对生产资料的需求相等，即 I（c＋v＋m）＝Ic＋IIc；其次，第II部类生产的全部消费资料必须同两大部类对消费资料的需求相等，即 II（c＋v＋m）＝I（v＋m）＋II（v＋m）。只有这样才能保证两大部类的资本家在交换以后能够得到相当于原有规模的投资基金和消费基金，从而使社会总资本的简单再生产能够顺利进行下去。

在扩大再生产中，首先，第I部类生产的全部产品除了保证社会资本简单再生产所需要的生产资料外，还必须有一个余额。这部分余额用于满足两大部类扩大再生产对追加生产资料的需求，即 I（c＋v＋m）＝I（c＋Δc）＋II（c＋Δc）；其次，第II部类生产的产品在满足简单再生产的需求外，也必须要有剩余，以此来满足两大部类扩大再生产对追加消费资料的需要，即 II（c＋v＋m）＝I（v＋Δv＋m/x）＋II（v＋Δv＋m/x）。两大部类的积累和生产扩大之间存在着互相依赖、互为条件的关系。第I部类生产为第II部类生产提供追加的生产资料，规定第II部类的积累规模和积累率；第II部类生产为第I部类生产提供追加消费资料，又制约着第I部类的积累规模。"就像第I部类必须用它的剩余产品为第II部类提供追加的不变资本一样，第II部类也要在这个意义上为第I部类提供追加的可变资本。"[①] 只有这样，才能顺

---

① 马克思. 资本论：第二卷[M]. 中共中央马克思恩格斯列宁斯大林著作编译局译. 北京：人民出版社，1975：584.

利实现社会总资本的扩大再生产。

由此可见，按照马克思的社会再生产理论，社会生产各部类之间以及每个部类内部都必须严格保持一定的比例关系，社会再生产才能顺利完成。一旦这一稳定的比例被破坏，就会导致经济危机。

2. 卡莱茨基的经济周期理论与有效需求

琼•罗宾逊在评价卡莱茨基的思想来源时说："卡莱茨基学习的唯一经济学就是马克思经济学。"可见，在卡莱茨基的著作中，马克思的影响无处不在。

1933 年，卡莱茨基出版了《经济周期概论》一书，提出了关于资本主义经济是需求决定体系的理论。在这本书中，卡莱茨基利用马克思的社会再生产公式推论出了有效需求问题，其核心是成本与利润的结构和收入分配结构所决定的消费倾向之间的关系，得出结论，即在假设工人的工资全部用于消费的条件下，当资本家的储蓄大于投资时，将导致有效需求不足和利润下降。

卡莱茨基从一个没有政府投资、租税征收以及对外贸易等因素的封闭经济模型开始分析。设此时资本家的利润为 P，消费量为 C_c，投资为 I，工人花费在工资商品（C_w）上的工资为 w（包括薪水）。扣除折旧后的国民收入 Y 可以被定义为增加值的总额：

$$Y=P+W \tag{3.6}$$

$$Y=C_W+C_C+I \tag{3.7}$$

然后，卡莱茨基借助于一个经过修改的马克思再生产图式来说明他的模型。在这个模型中有两个阶级：工人和资本家，整个运行的模式是国民总收入=国民总支出或国民总产出。卡莱茨基将马克思的两大部类扩展为 3 个部门：生产投资品 $I=W_1+P_1$ 的部门 1，生产资本家的消费品 $C_c= W_2+P_2$ 的部门 2 和生产工资商品 $C_w= W_3+P_3$ 的部门 3。在部门 3（工资品生产部门），产出的一部分是由生产这些产品的工人消费，其余部分卖给其他部门的工人，这部分等于部门 1、部门 2 工人的工资，也等于部门 3 的利润。部门 1、部门 2 产品的价值是它们的工资和利润的总和。在这里，我们看到部门 1、部门 2 的工资等于部门 3 的利润，因而总利润等于部门 1、部门 2 产品价值的总和。这可以用表 3.4 来说明。

表 3.4　卡莱茨基的再生产图式

总利润（P）	总投资（I＝W₁＋P₁）	部门 1
	＋资本家消费（C_C＝ W₂+P₂）	部门 2
＋工资和薪金（W）	＋工人消费（Cw＝ W₃+P₃）	部门 3
＝国民收入（Y）	≡国民收入（Y）	

从表 3.4 中可以看出：

$$P=I+C_C \tag{3.8}$$

即利润等于资本家消费加上投资之和。卡莱茨基断定 I+ C_C 决定 P，他指出："资本家可以决定在一个给定的时期比以前一个时期更多地消费和投资，但是他们不能决定去赚得更多。因此，是他们的消费和投资决定着利润，而不是相反。"[①]此外，从表 3.4 还可以看出，W 与 Cw 是相等的，即工人全部花光了他们的收入去购买工资品，这意味着工人的储蓄倾向被假定为零；而 P=I+ C_C 则意味着资本家可以将利润扩大到与本身消费和投资之和相等之处。卡莱茨基将这个规律概括为一句名言："工人花费他们所挣得的，资本家赚回他们所花费的。"[②]既然资本家的支出可以赚回来，则他们的支出决策（即消费和投资）就可以通过决定利润的大小，从而决定有效需求。因此，要改善有效需求，就必须降低资本家的利润份额。

此外，卡莱茨基还提出消费不足会导致投资不足。根据表 3.4，储蓄完全转化为投资的条件是总投资=总利润－资本家消费（I=P-C_C），但此表却表明这个等式可能不成立。因为资本家消费是相对稳定的，这意味着储蓄将随总利润的增长而增长，但投资则未必有这个趋势，因为投资由投资品部门的工资消费和由利润转化的投资构成（I=W₁+P₁），由于工人工资增长赶不上利润增长幅度，所以 W，即工资消费经常低迷，这就使投资增长缓慢并出现投资不足。由此而引出的政策结论是，提高工资是消除有效需求不足的有效方法。

综上所述，卡莱茨基在马克思的社会再生产理论的基础上，深刻地表

---

① Kalecki M. Selected Essays on the Dynamics of the Capitalist Economy[M]. Cambridge University Press, 1971：78－79.

② Kalecki M. Selected Essays on the Dynamics of the Capitalist Economy[M]. Cambridge University Press, 1971：79.

明了有效需求问题的性质，即有效需求问题联系到资本主义生产中的利润动机和收入分配。他不像凯恩斯主义者那样从总量的角度去分析有效需求，而是从结构的角度去分析，并且特别强调工资在总收入中所占比重对于有效需求的重要性。

3.3.1.2 新剑桥学派的有效需求理论

英国剑桥大学的著名经济学家罗宾逊和卡尔多等人历来对新古典以及新古典综合派的理论持批判态度。他们试图以古典学派和马克思经济学为基础，与凯恩斯、卡莱茨基的宏观分析结合起来建立新的理论体系。其基本假设是：

（1）一个国家或一个经济中，只有两个阶级：资本家和工人；

（2）资本家的收入完全来自利润，工人的收入完全来自工资；

（3）每个阶级分别有固定的储蓄倾向，并且资本家的储蓄倾向大于工人的储蓄倾向，工人的储蓄倾向几乎等于零；

（4）资本－产出比率不变。

这样，假设国民收入为 Y；利润收入者的收入，即利润总额为 P；工资收入者的收入，即工资总额为 W，则有 Y=P+W。再假设利润收入者的储蓄倾向为 s_p，工资收入者的储蓄倾向为 s_w，且根据假设前提 $s_p > s_w$。那么，工人的储蓄额为 $s_w \times W$，而资本家的储蓄额为 $s_p \times P$，因此整个社会的总储蓄为：

$$S = s_W \times W + s_P \times P \qquad (3.9)$$

由此推导出：

$$I = s_P \times P, P = \frac{I}{s_P} \text{①} \qquad (3.10)$$

在这里 s_p 被假定为稳定不变的，因此，式（3.10）表明，投资的增加会引起利润上升，而利润的上升又会刺激企业投资的进一步增加，如此循环往复，导致经济高涨。

如前所述，假设国民收入为 Y，利润收入总额为 P，工资收入总额为

---

① 具体推导过程如下：由 $S = s_w \times W + s_P \times P$ 和 Y=P+W，得 $S = s_w \times (Y - P) + s_P \times P$，从而 $S = (s_P - s_w) \times P + s_w \times Y$，公式两边同除以 Y，则：$\frac{S}{Y} = \frac{(s_P - s_w) \times P}{Y} + s_w$。如果 S=I，则 $\frac{I}{Y} = \frac{(s_P - s_w) \times P}{Y} + s_w$。如果 $s_w = 0$，则 $\frac{I}{Y} = s_P \times \frac{P}{Y}$。所以，$I = s_P \times P, P = \frac{I}{s_P}$。

W，则利润收入总额在国民收入中所占的比例为 $\dfrac{P}{Y}$ ，工资总额在国民收入中所占的比例为 $\dfrac{W}{Y}$ ，并且有 $\dfrac{P}{Y}+\dfrac{W}{Y}=1$ 。整个社会的储蓄倾向，即储蓄率 s 为这两个阶级储蓄倾向的加权平均，所以 $s=s_P\times\dfrac{P}{Y}+s_W\times\dfrac{W}{Y}$ 。将该表达式代入哈罗得－多马模型的基本公式 $G=\dfrac{s}{c}$ ，则可以得出新剑桥模型的基本公式为：

$$G=\frac{s_P\times\dfrac{P}{Y}+s_W\times\dfrac{W}{Y}}{c} \tag{3.11}$$

或
$$\frac{P}{Y}=\frac{G\times c-s_W}{s_P-s_W} \text{①} \tag{3.12}$$

这里 s_P、s_w、c 假定不变，则利润总额在国民收入中所占的比例随着经济增长率的变化而变化。

综合以上两个结论，投资的增加会引起利润上升，而利润的上升又会刺激企业投资的进一步增加，如此循环往复，导致经济高涨。随着经济的不断高涨，利润总额在国民收入中所占的比例不断提高，相应的工资总额在国民收入中所占的比例将会下降。由于资本家的储蓄倾向大于工人的储蓄倾向，也就是说工人的消费倾向大于资本家的消费倾向。因此，工资份额的下降将导致消费需求的不足，从而使企业生产出来的商品无法完全出售，利润无法实现，预期利润率下降，并最终导致投资需求的下降。消费需求和投资需求的同时下降必定会导致有效需求不足的问题。因此，新剑桥学派认为，要增加有效需求问题，必须调节收入分配的结构。

3.3.2　一种新的收入－支出模型下的有效需求分析

3.3.2.1　基本模型

吸取前人的理论精髓，在这里我们构建一个新的收入－支出模型，以

---

① 具体推导过程如下：由 $G=\dfrac{s_P\times\dfrac{P}{Y}+s_W\times\dfrac{W}{Y}}{c}$ 得 $G=\dfrac{s_P\times\dfrac{P}{Y}+s_W\times(1-\dfrac{P}{Y})}{c}$ ，从而 $G=\dfrac{(s_P-s_W)\times\dfrac{P}{Y}+s_W}{c}$ ， $\dfrac{P}{Y}=\dfrac{G\times c-s_W}{s_P-s_W}$ 。

此来更加科学有效地说明有效需求问题的性质。

有效需求来自市场经济再生产过程中产品的实现问题，其关键是所有的商品能否被人们用收入购买，以及产品销售后能否使企业的投资保持一定的利润率。这是因为在一个市场经济中，如果企业不能得到利润就会解雇工人而停止生产。

由于企业是生产商品形成供给和生成收入形成需求的连接点，所以，讨论宏观经济问题时应该以企业的成本收益计算作为理论起点。在主流经济学中，收入—支出模型被表述为：C+S＝C+I。这一模型的缺陷在于收入一方只是一种收入的分解，而并不能表示市场经济的性质，即完全没有考虑企业的成本收益计算。在这一模型中，虽然我们可以用总支出决定收入水平，但总支出与生产函数是无关的，如果收入水平不能直接由生产函数推导出来而又不能联系到企业的成本收益计算，那么收入水平的决定或什么是充分就业的收入水平就成为一个难以说明的问题。实际上，主流经济学只是假设了一种充分就业的收入水平而回避了这一问题。这里我们抽象掉技术关系，把企业的成本收益计算加入到宏观经济分析中并作为核心，在完全的市场经济条件下考察经济均衡的条件以及波动的内在原因，构造出一个新的简单的收入—支出模型。这一模型在前面的分析中已有简单的介绍，这里我们进行更加具体的分析。

假设整个宏观经济由企业、居民、银行和政府四个经济部门构成，我们首先按照资金流转的顺序依次介绍这四个部门的行为。

1. 企业

在这里，企业是指除银行、证券等金融部门以外的实际经济部门，其运行都采取了完全的市场化运行方式，即所有的商品和劳务都是由以利润最大化为最终目标的企业来供给的，成本收益计算对于企业而言具有重要的意义。我们用 W 代表企业支付的工资成本，D 代表固定资产折旧，r 代表企业为使用银行贷款而支付的利息，T 代表税收，这四项是企业的成本支出，π 代表企业生产获得的利润，则企业的成本收益计算可以表示为企业的收入—支出等式：

$$Y = W + D + r + T + \pi \tag{3.13}$$

在前面的分析中，我们已经对工资、折旧和利息的意义与决定有了较为详细的说明，这里我们直接引用：

$$W = w \times L$$

$$D = dK$$

$$r = iaK$$

其中，w 表示货币工资率，L 表示就业量，d 表示折旧率，K 表示资本存量，i 表示利息率，a 表示银行根据抵押资产价值发放贷款的比例，即银行贷款数量与企业资产值的比例。

这样，我们可以把式（3.13）重新表述为：

$$W + (d + ia)K + T + \pi = Y \qquad （3.14）$$

在市场经济中，企业生产的目的是获取利润，因此企业的投资水平取决于企业利润的变化。这里姑且简单地假设利润与投资之间传导机制的滞后期为 1 期，则：

$$I_t = f(\pi_{t-1}) \qquad （3.15）$$

上式表明，如果上一期利润大于零，企业就会增加当期投资；相反，如果上一期利润小于零，企业就会减少当期投资。而本期的投资流量又会转化为下一期的资本存量，即 $K_{t+1} = K_t + I_t$，因此折旧 $D_{t+1} = dK_{t+1} = d(K_t + I_t) = D_t + dI_t$，利息成本 $r_{t+1} = iK_{t+1} = i(K_t + I_t) = r_t + iI_t$。可见，利润的增加会促使企业增加投资，并引起折旧和利息成本的增加，从而只有当投资的增长率等于资本存量的增长率时，才能保证企业不亏损，也就是说，由于投资的增长使资本存量的价值增加了，当存在着正的折旧率和利息率时，要使企业不亏损，必须有新增加的投资和名义 GDP 的增长。

2. 居民

在居民部门，企业的工资、利息支出和利润成为家庭的收入，收入被居民用于消费和储蓄。由于不同的收入阶层消费倾向不同，以工资为主要收入来源的劳动者阶层的收入主要用于消费，而以利息、利润为主要收入来源的企业经营者阶层的收入主要形成储蓄，因此，消费支出与全社会的收入分配紧密联系在一起，即消费在某种程度上决定于工资收入和利息、利润收入的比例（即 $W / (r + \pi)$）。另一方面，消费支出还决定于劳动者的工资收入在企业成本中所占的比重（即 $W / (W + D + r)$），这一比重越大，劳动者的消费能力越强，从而消费支出越大；反之，则消费支出越小。收入中的储蓄一部分存入商业银行，一部分投入资本市场。储蓄中这两部分的分配比例决定于从银行和资本市场中获得的收益。以上的论述可以表示为式（3.16）至式（3.18）。

$$Y = C + S \tag{3.16}$$

$$C = f(Y, W/(r+\pi), W/(W+D+r)) \tag{3.17}$$

$$S = \Delta D_s + \Delta E \tag{3.18}$$

其中，ΔD_s 代表储蓄中新增加的银行存款，ΔE 代表储蓄中新增加的投入资本市场的部分。

3. 银行[①]

在银行部门，为了简化分析，我们假定居民部门的储蓄存款是银行存款的唯一来源，银行向企业发放的贷款是银行唯一的资金运用方式，这意味着居民部门没有银行贷款，而企业也没有银行存款。[②]银行发放的贷款的数量决定于两方面的因素，即居民储蓄存款的数量以及企业资产存量的价值和企业的资产负债率。居民存款是银行向企业贷款的基础，决定了银行发放贷款的能力；由于抵押贷款的原则，企业资产存量的价值和企业的资产负债率决定了企业贷款的能力。以上的表述可以表示为式（3.19）至式（3.21）。

$$D_s = \sum \Delta D_s \tag{3.19}$$

$$D_D = \sum \Delta D_D \tag{3.20}$$

$$\Delta D_D = f(D_s, K, D_D/(D_D + E_I)) \tag{3.21}$$

其中，D_D 代表银行向企业发放的贷款总额，ΔD_D 代表当期银行贷款，D_s 代表居民的银行存款总额，ΔD_s 代表居民的当期银行存款，E_I 代表企业从股票市场获得的资本金，$D_D/(D_D + E_I)$ 即企业的资产负债率。

4. 政府

在这里，假定政府为独立于市场经济中以盈利为目的的经济主体之外，他所扮演的仅仅是"守夜人"的角色，作为公共部门的政府其税收收入和政府支出行为是为谋求公共福利的最大化和社会经济的稳定，因此假定政府税收等于政府支出，即：

$$T = G \tag{3.22}$$

---

① 由于本章着重讨论企业的运行，这里仅根据分析的需要简单介绍银行，在以后的章节中将对银行的运行进行详尽的分析。

② 在更复杂的模型中可以加入居民部门的消费贷款和企业在银行的活期存款，这可以视为资金分别在居民和银行之间以及在企业和银行之间的流动，而对整个宏观经济运行的影响较小，因此并不影响本书的结论。另外，在这一简单的模型中，还没有考虑企业的还贷和居民的取款，如果考虑这些因素，这里的存款和贷款可以视为减去取款和还贷以后的"净存款"和"净贷款"。

以上，我们对宏观经济的各个部门进行了详尽的分析。在国民经济中，根据支出法，总收入又等于居民的消费支出、企业的投资支出以及政府支出之和，即：

$$Y = C + I + G \qquad (3.23)$$

为了简化，这里我们先不考虑企业的资产负债率，把式（3.23）改写成为：

$$W + (d + i)K + \pi = C + I \qquad (3.24)$$

如前所述，企业经营的目标是利润最大化，其决定产量的大小和是否扩大投资完全取决于利润量。由上式可以看出，当总支出即消费支出和投资支出之和（$C + I$）大于企业成本（$W + (d + i\alpha)K$）时，企业利润为正值（即 $\pi > 0$），企业将扩大产出和投资；反之，当总支出小于企业成本时，利润为负（即 $\pi < 0$），企业将减少产出和投资；当总支出等于企业成本时，利润为零（即 $\pi = 0$），上述模型处于均衡状态。可见，在给定企业成本的情况下，总支出的变动将决定企业是否盈利，并进一步决定经济是否均衡。

按照古典经济学的假设，资本家不消费，全部工资用于消费，全部利润用于储蓄，即 W＝C，则式（3.24）可改写为 $(d + i)K + \pi = I$，从而总投资的变动将决定企业是否盈利和宏观经济是否均衡。如第二章所述，只有当投资增长率等于 $\dfrac{d + i}{1 - d - i}$ 时，$\pi = 0$，上述模型处于均衡状态；而当投资增长率大于 $\dfrac{d + i}{1 - d - i}$ 时，$\pi > 0$，企业将扩大产出和投资，经济将扩张；当投资增长率小于 $\dfrac{d + i}{1 - d - i}$ 时，$\pi < 0$，企业将减少产出和投资，经济将衰退。

3.3.2.2　工资的双重性质与有效需求

从前面对宏观经济各部门行为的分析中，我们发现工资具有关键作用。一方面，在企业的生产行为中，工资作为企业的成本因素影响着供给；另一方面，在居民的消费行为中，工资作为收入要素又决定着需求，它是供给和需求的一个连接点。正是由于工资的这种双重性质决定了宏观经济的波动。

现在假设其他条件不变，当某种外在因素导致投资的增长率超过其稳定状态的增长率，则企业会出现盈利，这必然会诱使资本家进一步增加投资和扩大生产，而投资的增加又会使利润进一步增加，继而引发更多的投资，凯恩斯的"寡妇的坛子"出现了。但投资不可能无限扩展下去，投资流量和收入的比例在此起着关键作用，它构成了经济稳定性的内在机制。因为本期的投资流量将转化下一期的资本存量，本期投资的增加将引起下一期资本存量的增加，从而使折旧和利息成本增加。投资流量的变动和进而引起的资本存量的变动会导致成本结构和收入结构的变动。

在收入结构中，短期内的折旧、利息和工资由于存在以前的契约可以看作是给定的，因此利润一般和经济增长率具有正相关关系，在经济周期上升阶段，利润在收入中的比重是提高的。利息在收入中的比例也会因经济高涨阶段资本存量价值对收入流量比重的增加而有所提高。工资在经济高涨和企业利润高时也会相应提高，但其上涨幅度不会大于利润。所以，当经济增长速度加快、投资以累进的比率增加时，工资在收入中的比重将下降，即工资收入与利息收入和利润收入之比（$\dfrac{W}{\pi + r}$）会降低。如果工资收入的消费倾向大于非工资性收入的消费倾向时，则收入分配结构的改变将会降低整个社会的消费倾向，提高储蓄率。

在成本结构中，随着投资的增加，资本存量对收入流量的比率提高，在折旧率和利息率不变时，企业成本构成中的工资成本对非工资成本之比，或者说可变成本与固定成本之比（$\dfrac{W}{D + r}$）将会下降。

这样，随着经济的扩张，一方面是消费需求的减少，另一方面是产品成本的上升，到了一定阶段，必然形成工人的工资与按现行成本生产和定价的产品的非平衡关系，而如果企业降低产量，就会引起亏损。

在这种情况下，投资的增加虽然可以暂时弥补消费不足的情况，但投资的增加将会导致资本存量对收入流量的比重进一步提高，从而使收入结构和成本结构更加扭曲。图 3.6 揭示了整个经济的动态演化过程。

在图 3.6 中，FC_1 是本期中固定成本的价值，可变成本取决于工资总额，假设工资率不变，可变成本曲线是一条向上倾斜的直线，固定成本曲线加上可变成本曲线形成了总供给曲线(AS_1)。总需求取决于工资总量和利润，给定工资总量和利润，总需求曲线为一条向下倾斜的双曲线，为方便起见，我们以直线(AD_1) 表示。假设本期经济处于稳定状态，资本流量与收入和投资流量比例、收入结构和成本结构则处于均衡水平。均衡收入和价格分别为 Y_1、P_1。假设由于外部因素刺激了投资的增长，投资的增加将会使资本存量的价值上升，从而使企业的固定成本（$D + r$）提高，图中表现为固定成本曲线向上移动至 FC_2，从而总供给曲线向上移动至 AS_2。由于上述的成本结构和收入结构的变化，导致消费需求不足，使总需求曲线下移。但在经济繁荣初期，利润的刺激引致投资大量增加，会使需求曲线外移，从而可以暂时保持均衡收入 Y_1。但是，由于资本存量价值随着投资的增加而不断提高，要保持利润的持续增长，投资必须以累计的比率增长，但这是不可能的。当企业的投资受到内部和外部的约束逐渐增加时，投资会减慢，从而降低利润率，而这又会进一步减少投资。当固定成本曲线上升到 FC_3 位置时，总供给曲线为 AS_3，总需求曲线由于投资减缓和消费不足而不能大幅度向外移动时，企业就会按照现在的成本制定价格，从而只能实现 Y_2 的收入。

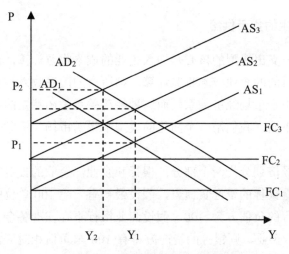

图 3.6　经济的动态演化过程

现在，面对着严重的产品积压，企业被迫降低价格，这意味着企业的亏损。对单个企业来讲，它的理智选择只有两条路：减少投资和降低工资。减少投资会导致利润下降，而降低工资虽然可以降低成本，但也会引起消费的减少，可能会进一步增加亏损或利润的下降。利润的下降反过来又对投资的减少起到推波助澜的作用。消费、投资、利润的这种连锁反应最终导致企业的破产和合并。破产和合并的资本存量价值是按照清算价格计算的，会大大低于原来的账面价值。接管这些资产的企业在计算成本时是按照接受时的清算价格进行计算的，所以固定成本就会大大降低。资本存量价值的收缩并不影响生产的正常进行，原来的资本存量被新企业接受后，生产就可以恢复，失业的工人不回到原来的工作岗位上。和原来不同的是，通过资本存量价值的收缩恢复了它与收入流量和投资流量的均衡比例关系，从而使成本结构和收入结构也调整到均衡的比率，按照现在成本制定的价格刚好可以被工资购买，经济又恢复到稳定状态。

上述对经济波动的分析表明了有效需求的性质，即有效需求的问题来自企业的成本结构和收入分配结构。给定消费函数或假定资本家不消费，则只有当企业固定成本与可变成本的比率（$\dfrac{W}{D+r}$）和收入分配比率（$\dfrac{W}{\pi+r}$）保持不变才能保证工人有能力购买全部的消费品，资本家获得预期的利润；否则，经济会出现有效需求不足和经济衰退的问题。

3.3.3   内生的货币供给

上述收入－支出模型的核心是加入企业的成本收益计算，而一旦加入以利润为生产目的的企业成本收益计算，则所有的国民收入核算体系中的宏观变量将取决于市场经济关系，而这种经济关系是由特定的货币金融体系所决定的。下面，我们用一个简化的模型来说明市场经济条件下货币供给的创造。

假设全部经济划分为两个部分：银行和企业，企业的投资完全来自银行信贷。先来看银行的资产负债表，假设最初有一笔100单位的货币存入银行，商业银行的负债方为100，假设商业银行不存在准备金，银行将把100的货币贷给企业，则银行的资产方将有100与负债相对应。再来看企业的资产负债表，企业从银行获得的100贷款是企业的负债，企业用贷款购买资本品和雇佣劳动为企业的资产。假设企业的货币支出又全部转入银行存款，则银行的负债方又增加100，贷出后资产也增加100，同样，企业的负债和资产也增加100，这种资产负债表可以无限延续下去，从而可以使银行和企业的资产和负债无限地增加。

显然，如果货币供应量无限大，将使名义GDP或通货膨胀率无限大，我们必须在这里寻找一种能够决定银行货币供给和企业货币需求数量的均衡条件或制约因素，而决定货币供应量或货币需求的正是利息率或货币的利息率。现实资本主义经济中的一个简单的商业原则是，企业要获得银行的贷款，除还款外还要支付利息，而在我们的模型中，企业向银行支付利息的货币也只能是银行新增的贷款，这样，我们就可以通过贷款和支付利息的会计计算或货币契约，使上面无限延续的银行和企业的资产负债表成为一种有规则的资本存量与收入流量的模型，从而决定货币的供给与需求。

采用通行的会计和国民收入核算方法作为假设，即利息率是以一年的时间单位来计算的，这样，我们可以把无限延续的银行和企业的资产负债表划分为两个部分，即凡是"今年"以前发行的货币或债务都必须支付利息，我们把银行今年以前发行的货币称之为资产或资本存量，而今年新发行的货币或增加的货币则是用来支付利息的，我们把这一部分称之为收入或收入流量，这也符合前面对名义 GDP 的定义。这样，给定利息率，在资本存量与收入流量之间将存在一种关系，即如果银行在"今年"增加的货币供给大于给定的利息率应付的利息，则企业在向银行支付利息后将有剩余的利润，从而使其对贷款或货币的需求增加，如果银行适应货币需求的增加而增加货币供给，则剩余的利润将会更多而使货币需求进一步增加。反之，当银行的货币供给小于给定的利息率下应付的利息，则企业肯定会亏损而支付不起利息，从而引起货币需求的减少，当然，如果银行也减少货币供给则会使企业进一步支付不起利息和不能归还贷款。

这样，银行的货币供给和企业的货币需求依赖于利息率（利润率），如果给定长期的自然利润率或货币利息率，资本存量与收入流量的比率将是稳定的，从而经济增长率和资本存量的增长率或资本－产出比率将是稳定的。

上述分析表明，资本和收入都只是一种负债，而保持这种债务关系或资产负债关系的基础是存量与流量的划分和存量与流量比率的稳定性，由于资本主义信用关系的基础是资产抵押，而资产的价值又取决于收入流量，因此，当资本存量与收入流量的比率脱离了稳定的比率，正常的资产抵押的信用关系将不能保持，由此将导致经济的高涨和衰退，而调节资本存量与收入流量比率关系的正是货币利息率，利息率通过调节货币的供求同时调节资本存量价值和收入流量，以此来保证资本存量与收入流量比率的稳定。

现在，我们在这种无限延续的资产负债表中加入时间因素来讨论模型的稳定性。按照上述简化的模型，假设利息率不变，只有银行的货币供应量稳定增长，且货币供应量的增长率等于利息率，经济才能保持均衡或企业的利润为零。当银行的货币供应量的增长率超过了利息率，则企业必然会盈利，因为从另一个角度看，企业的成本只是以前的银行贷款或资产，而企业的收益或产品的价格则取决于新增加的货币供应量，当货币供应量的增加率超过利息率，必然使产品的价格超过成本乘以利息率，企业在归还银行的利息后将出现盈利，当企业盈利时，如果增加货币需求或投资，而银行又同时增加贷款，则企业（和银行）的利润会更高，当然，资本存量的价值也会提高，而一旦银行停止以累进的比率增加货币供给，则企业必然会亏损，而企业的亏损又会导致银行的坏账和减少货币供给，进而引发经济衰退。

在上述模型中，我们采用了一种不现实的假设，即企业的全部资本都来自银行信贷，显然，这种假设的含义是，企业投资的所有风险都将由银行承担，这必然使企业对货币的需求无限大而导致货币金融体系的不稳定。货币金融体系的稳定性是非常重要的，前面在讨论有效需求的经济波动时表明，在经济衰退时，企业的资不抵债会使企业破产，而企业破产只不过是把过高的固定资产价值从账面上划掉，并撤换掉不成功的经营者，经济高涨时的收入分配向富人倾斜也会随着资产的贬值而得到调整，一旦资产价值和收入分配得到调整，经济就会复苏，失业的工人可以重新就业，而不会对整个经济产生严重的影响，或者说，仅仅就前面的有效需求问题而言，市场经济是可以自动调整的，不会产生严重的危机。然而，如果由于企业的破产而导致商业银行的破产，就可能引发严重的金融危机，使整个信用体系崩溃。从实际经济来看，20 世纪 30 年代的经济大萧条和 90 年代东南亚金融危机就是典型的例子，美国 70 年代的严重通货膨胀和日本 90 年代以来的长期停滞都是由于市场机制的货币金融体系的不稳定或遭到破坏所造成的。因此，货币金融体系的内在运行和稳定性是极为重要的。

从上述分析中可以推论出，货币金融体系的稳定性取决于资产抵押，资产抵押只能是企业的自有资产，这样，我们在模型中加入股权来表明企业的自有资产。当加入了股票来表示资本的所有权时，整个资本市场就由股票市场和银行信贷市场组成，企业的总资本也由股本和银行贷款构成，即企业的总资产分为股东权益和对银行的负债，由此产生了一个重要的概念，即企业的资产负债率（负债对总资本的比率）。企业资产负债率的变动对于金融体系的稳定性是非常重要的，因为企业的资产负债率过高将意味着商业银行的风险加大，而企业的资产负债率越低，则货币金融体系越稳定，因为银行贷款将有更多的资产作为抵押，从而企业的破产对商业银行的影响较小。

3.3.4　凯恩斯主义政策的失败原因

在前面讨论由有效需求导致的经济周期性波动时表明，经济衰退和有效需求不足来自经济周期中经济上升时期的高投资所导致的资产值过高和收入分配中工资的比例下降，那么在经济衰退时，采用凯恩斯主义的宏观经济政策会产生什么结果呢？

3.3.4.1　凯恩斯主义财政政策的失败原因

在前面的分析中我们表明了经济衰退时市场机制自动调节的过程，即随着企业的破产而使过高的资产值下降，并同时调节收入分配的比例而使工资在 GDP 中的比例回升，从而使经济走出衰退而复苏，当然，这一过程伴随着失业的增加。然而，凯恩斯主义的财政政策却是朝着与这种能使经济复苏的过程完全相反的调节方向进行的，即通过财政支出的增加进一步提高资产值，并把资产值的提高转化为企业的利润而使企业避免破产，而且这种财政政策会使收入分配的比例进一步向利润倾斜而降低工资在 GDP 中的比重，其结果只能导致滞涨。

先来看政府采用扩大财政支出政策增加投资的结果，投资的增加可以提高当期的总需求，从而增加企业的收入和工人就业，但是，在下一期则必然使企业的固定成本增加，使总供给曲线向上移动，这使就业（失业）重新回到原来的位置。但是，与原来不同的是，资本存量价值或资产值更高了，在图 3.6 的假设中，由于工资率不变，当就业（失业）不变时，工资在 GDP 中的比重将下降，这种更高的资产值和工资在 GDP 中的比重下降将使有效需求不足进一步恶化，由此会导致失业进一步增加。

在经济衰退时，失业的增加必然伴随着工资率的下降和工资总额的减少，从而使消费品部门产生严重的生产过剩，在消费品根本没有需求的情况下，企业的投资或财政投资必然转向资本品部门，这会使已经过高的资本品部门的比重进一步提高，而当投资更多地用于资本品部门时，当期的投资流量中利润的增长幅度将更大，这不仅使企业更难于破产，而且提供了错误的信号，即政府财政投资的增加会带动企业投资的增加，但这种投资的增加和 GDP 的增加只会使下一期的有效需求不足问题更为严重，即导致更为严重的结构失调。

再来分析政府的消费支出。在经济衰退时，政府扩大消费支出（比如扩大军费开支）当然可以提高总需求，而且不增加资产值。但问题是，这种政府消费支出的增加虽然可以增加就业，却不能提高工资率，不能改善有效需求不足的状况，只是延缓企业的破产和资产值与收入分配比例的调整。实际上，政府的消费支出总是用在最不该发展的产业上，如购买军用产品就会提高军用品生产部门的利润和投资，同时，在工资率不可能增长的情况下，会使这些部门的利润上升，从而引起收入分配的进一步恶化。

按照边际消费倾向递减的分析，由于低收入阶层有更高的消费倾向，那么能否通过转移支付的方法来增加消费需求呢？这种转移支付的方法对于低收入阶层度过危机是有帮助的，但对于解决有效需求问题却是无效的，和前面一样，这种收入再分配的政府支出并不能改变资产值过高和收入的初次分配所决定的有效需求不足问题，而只会使企业延缓破产，从而延缓经济的复苏。

这里的一个重要问题是，这种政府财政支出的扩大能不能通过提高税率和增加税收来解决呢？在主流宏观经济学中，根据政府的边际消费倾向等于1而建立了一种"平衡预算乘数"理论，表明政府采用税收的方式增加支出可以提高总需求。但在我们前面对有效需求的分析中，这种平衡预算乘数是不存在的，增加企业的税收将直接增加企业的"固定成本"，使总供给曲线向上移动，这就造成更多的失业。增加对富人的征税行不行呢？比如提高所得税的税率，其实结果与向企业征税是相同的，这必然会进入投资者的成本收益计算，即会使投资减少。这种政府的税收和税率更不能采用"相机抉择的财政政策"逆周期而随意变动，因为税率是企业（和个人）成本收益计算的一部分或游戏规则的一部分，它怎么可以随着经济周期而改变呢？比如企业进行的固定资产投资是把税率作为给定的来计算成本收益，当固定资产投资刚完成税率就提高了，谁还敢再进行投资呢？供应学派就指责这种凯恩斯主义的税收和收入再分配政策只能导致富人不投资和穷人失业。

那么剩下的扩大政府支出的方法就是发行国债了，国债发行在主流经济学中一直被作为财政政策来讨论，其理由是，主要国债不是由中央银行直接购买就不会影响货币供应量。但这种国债发行却是不折不扣的货币政策，国债不仅会增加货币供应量，而且是真正的外生的货币供给，是导致美国20世纪70年代滞涨的重要原因。

3.3.4.2　凯恩斯主义货币政策的失败原因

在讨论国债之前，我们先来分析凯恩斯主义的货币政策。在前面所阐述的内生的货币供给模型中，由于经济高涨时期企业的资产负债率过高，加之商业银行的超额准备金下降，当企业破产时必然导致商业银行的破产，从而使货币供应量减少而可能造成金融危机。金融危机对市场经济具有极大的破坏性，中央银行对货币金融体系的货币政策的调节是重要的。但是，在经济衰退时，货币政策的调节只是使商业银行不破产和进行"清算"，而不是调整企业和商业银行的资产负债结构。如果中央银行的货币政策所起到的作用只是使企业和商业银行都不破产，而不能消除企业过高的资产负债率和商业银行的资产负债结构，其作用只能是延缓经济的复苏。

按照凯恩斯主义的货币政策，在经济衰退时，中央银行通过降低利率、降低法定准备金比率和通过公开市场业务增加货币供应量。然而，这种货币政策却是朝着加重经济衰退的方向调节的。

一般情况下，在经济衰退时，利率会大幅上扬，同时商业银行也会收紧银根，通过货币供应量的减少使企业和银行破产而调整资产负债结构，这种自动调整可能会导致金融危机。那么，中央银行采用降低利率的方法会起到这样的作用吗？利率下降一方面降低了投资的成本，另一方面使资产值大幅度提高，如果与扩张性的财政政策相配合，将使投资和资产值进一步增加，企业的资产负债率不仅不能降低，而且可能继续提高，这将使已经失衡的金融结构进一步恶化，这对经济周期的调整是极为不利的。中央银行降低准备金的比率而扩大货币供应量也只能起到延缓经济复苏的作用，虽然货币供应量的增加对于减轻金融危机的破坏起到一定的作用，但不能真正对经济周期进行调整。

实际上，在一个内生货币供给的货币金融体系中，这种降低利率和准备金的货币政策所能起到的增加货币供给的作用是有限的，试想，在经济衰退时，企业面临着严重亏损和破产，而且企业的资产负债率过高或极高，商业银行也面临着破产的威胁，即使法定准备金大幅度下降而使商业银行的超额准备金增加，哪个商业银行又敢把钱贷给企业呢？企业在全面产品过剩的情况下又向哪个产业投资呢？因此，无论利率和准备金比率下降多少，商业银行的贷款都可能收不回来，由此形成商业银行的惜贷和存贷差的大幅度提高，这有些类似于"流动偏好陷阱"。

前面曾经提出，这种货币政策可以和政府的扩张性财政政策相配合，增加企业的盈利而使商业银行增加对企业的贷款，这可能是使货币扩张政策得以实施的一个条件。但企业过高的资产负债率和由投资所带动的房地产泡沫和股市的泡沫必然使商业银行心有余悸，它们一定会根据以往的经验来防止这种灾难降临到头上而谨慎从事，这与美国 20 世纪 70 年代货币供应量的大幅度增加和名义 GDP 的增长率连续多年超过 10%的经验是不相符的。我们需要寻找商业银行能够如此扩大货币供应量的原因，这个原因就是国债的发行。

哈耶克在他获得诺贝尔奖的演说中讲过一段名言，通货膨胀肯定是中央银行过多发行货币造成的，因为在商业银行发行货币的条件下，通货膨胀必然使商业银行破产。我们前面对内生货币供给体系和经济波动的分析证实了哈耶克的说法，即当商业银行的货币供给（贷款）超过稳定状态的增长率时，商业银行一定会破产。但哈耶克的错误在于，通货膨胀并不是中央银行货币发行量过多，而是美国财政部发行的国债导致了货币供应量大幅度增加。

需要说明的是，这里所说的国债带来的货币供应量增加并不是中央银行的"公开市场业务"，尽管与此有关。这里要说的是国债本身就是货币供给，是外生的货币供给，是对内生的货币金融体系造成严重破坏的外生的货币供给。前面说的"国债本身就是货币供给"并不意味着国债就是货币，国债当然不是货币，但它可以通过内生的货币供给体系创造货币。

我们在前面对内生的货币供给体系的分析表明，制约这一体系货币供给的是资产抵押，商业银行是以资产抵押进行贷款的，这是企业的资产负债率成为制约货币供给的重要因素。国债的发行是以政府的信用做担保进行的，也就是说国债到期后政府肯定是会还的，那么这种国债必然成为商业银行贷款最好的抵押品。如果用国债做抵押，无论商业银行贷多少款或发行多少货币，它都不会破产。正是国债进入了货币供给体系才导致了美国 20 世纪 70 年代严重的滞涨。美国的国债发行量从 1970 年占 GDP 的50%到 1980 年时达到了 120%，如此大量的国债不断地成为商业银行的流动性资产和贷款的抵押品，由此造成货币供应量大幅度增加，而银行和企业又都不会破产，这就一方面制造出大量的资产泡沫，另一方面制造出更多的失业。

这种凯恩斯主义政策的错误可以从 20 世纪 80 年代经济复苏的过程得到说明，里根和撒切尔上台后采用了经济自由主义的政策，即控制货币供应量和减少政府支出，这种政策在最初的 1981－1982 年导致了经济的严重衰退，大量企业、银行破产，失业率也随之上升，但从 1983 年开始，美国和英国经济竟然奇迹般地回升了，并逐渐走出了滞涨。这里完全有理由说，凯恩斯主义的政策错了，它根本就不存在成功的经验，由凯恩斯主义政策造成的 60 年代美国和西方国家经济的高增长正是导致 70 年代严重衰退的原因。美国 30 年代的"新政"正是用财政取代银行，如 1935 年实行的"银行法"对美国商业银行的发展产生很大的限制，这些政策可能延缓了金融体系的恢复而造成长达多年的经济大萧条。

第四章　有效需求问题解决的突破口
——农村剩余劳动力转移

按照上一章的分析，当宏观经济出现因有效需求不足而引发的经济衰退时，如果政府采用凯恩斯主义的财政政策和货币政策来刺激总需求就会使衰退更加严重，甚至导致滞胀问题。而导致有效需求不足的根本原因在于经济中企业成本结构和收入分配结构扭曲，即可变成本与固定成本相比过低以及工资性收入与非工资性收入相比过低，或资本存量相对于收入流量过高以及收入分配中非工资收入的比重过高。此时采取凯恩斯主义的扩张性财政政策，只能导致资本存量进一步提高，使企业成本结构和收入分配结构进一步扭曲，进而使经济衰退更为严重。那么，如何解决因有效需求不足而引发的经济衰退呢？

第一节　解决有效需求问题根本途径的选择

4.1.1　降低资产值

在上一章中，我们提出，市场解决这种由于企业成本结构和收入分配结构所导致的有效需求不足的办法就是企业破产和并购，使资产值下降，从而使不合理的企业成本结构和收入分配结构合理化。比较典型的例子就是 20 世纪 80 年代英国和美国为了摆脱衰退采取的新经济自由主义政策，以及韩国 1998 年后采用的大规模破产的政策。

4.1.1.1　美英的新自由主义政策

新自由主义是伴随着 1929－1933 年经济大危机和其后出现的凯恩斯主义而产生的，是作为古典经济自由主义的现代变种和凯恩斯主义国家干预论的对立面而出现的。30 年代经济大危机带来的深重灾难和对灾难的思考，以及二战后各国的百废待兴，凯恩斯主义有了大行其道的客观基础。

因此，在二战后将近 20 年中，凯恩斯主义及其倡导的国家干预论成为拯救资本主义的"灵丹妙药"。在凯恩斯主义的盛行时期，新自由主义更多的时候是作为小范围的理论交流和抨击政府的不和谐音发挥着作用。

从二战以后到 20 世纪 60 年代，凯恩斯主义的国家干预经济政策，使各国不仅迅速恢复了战后经济，而且到 60 年代还实现了高速发展。因此，凯恩斯主义经济学家们断言，困扰资本主义经济的周期变动与失业问题已经得了解决，经济学的大厦已经建立起来，以后的工作只是对其做一些小的修修补补。但实际上，虽然在理论上凯恩斯主义强调扩张性政策和紧缩性政策交替使用，而在实际中却是以扩张为主。长期扩张性政策的结果是推迟而且在未来加深了眼前的生产过剩的危机。1969－1970 年这个时期的以滞胀为特征的经济危机就是扩张性政策的后果。在滞胀面前，凯恩斯主义政策失去了有效性，导致了两难结果：扩张性政策使滞胀中的"胀"更为严重，紧缩性政策使滞胀中的"滞"进一步恶化。经济现实的困境导致人们对凯恩斯主义的不信任，"政府失灵"成为推行凯恩斯主义的政策后果，要求改变国家干预的方式，即要求采取能够直接影响生产及其结构、效率和生产率的新方式，实现经济增长的呼声越来越高。

因此，从 20 世纪 60 年代末开始，凯恩斯主义受到了越来越多的抨击，尤其在 70 年代经济危机的性质已经不是"市场失灵"，而是"政府失灵"，凯恩斯主义经受着重新审视自身理论的考验。正是这样的契机使新自由主义得以乘势而起。

20 世纪 60 年代末 70 年代初，受凯恩斯主义打击的经济自由主义实现了自身的调整，逐渐形成了较为完整的理论体系，它们打着"新古典复兴"的旗号开始在美国流行，带着强烈的反凯恩斯主义色彩。从 20 世纪 40 年代以来，作为凯恩斯主义的政策分析工具，菲利普斯曲线为政府操纵经济发展提供了一个最方便、最简单的手段。菲利普斯曲线说明了失业水平和工资变化率之间存在着稳定的负相关——高失业水平伴随着下降的工资，低失业水平伴随着上升的工资。考虑到生产增长的长期趋势，同时把价格超过工资成本的差额作为一个大体不变的既定数值，因而工资的变化可以等同于价格的变化。这样，失业率与通货膨胀率（价格变动率）之间就存在着此消彼长的稳定关系。在这一理论前提下，政策制定者可根据需要任意调整失业率与通货膨胀率的组合值，这也就为实行扩张性政策提供了依据。1961 年，约翰·穆斯在其论文中最早提出了理性预期假说，随后在 1967

年和 1969 年，费尔普斯和弗里德曼各自独立地提出"自然率假说"，这大大丰富了理性预期假说。根据"自然率假说"，在通货膨胀和失业之间不存在稳定的相互消长的关系，与失业相关的不是通货膨胀本身，而是未能够预期到的通货膨胀，只有未预期到的通货膨胀，才会影响失业水平。"滞胀"的出现用事实证明了这一论断的正确性。这也就意味着新自由主义已经找到了凯恩斯主义理论的"缺陷"，并开始系统地对凯恩斯主义进行批判。卢卡斯的理性预期经济学在 70 年代初正式出台，更是对凯恩斯经济学以致命的打击。卢卡斯指出，众多的凯恩斯宏观经济模型与菲利普斯曲线一样，没有建立在微观经济学的基础之上，事实上，绝大多数宏观经济变量（如消费、投资）的决策主要依赖于人们对未来经济运行结果的预期。而宏观经济学模型则以一种傲慢的方式对待预期，武断地选用一些貌似预期的变量取代预期，大多数的政府干预政策都会改变个人形成预期的方式，但宏观经济模型中所运用的预期的替代品根本无法解释人们这种预期的变化，因此，这些模型不应该被用来估价和分析不同经济政策产生的影响，这就是所谓的"卢卡斯批评"。从某种意义上说，"卢卡斯批评"既是新自由主义向凯恩斯主义发起挑战的号角，也是新自由主义已经成长起来的信号。

针对凯恩斯主义的"政府失灵"问题，新自由主义者积极提倡自由企业制度，强调让市场机制重新成为经济运行的基本调节机制，加强市场的作用。新自由主义的著名代表人物哈耶克反对国家的一切干预，包括由国家来形成市场经济的各种制度以及由国家来反对垄断，保护竞争。哈耶克崇尚"自发"。他认为，利己的本性引起交换，交换行为引起市场经济及相关的规则。这一切都是自发地形成，而不是人为制造的。由国家人为地设计一套市场经济运行的规则，只会引起国家不适当的干预，最后破坏市场经济的运行，破坏社会本身内在的自发机制。在竞争问题上，尽管哈耶克也反对垄断，但他更相信竞争本身可以靠其自身的力量战胜垄断。即使已经产生了垄断，也要排除国家的干预。换言之，"宁肯容忍私人垄断，也不要国家干预"。这种自由主义思想更加接近于古典学派的传统，其核心仍然是自由放任。与哈耶克一样，弗里德曼也是 20 世纪赞美自由市场过程和不信任政府分权的自由主义者。弗里德曼自由主义思想的核心是强调市场而不是政府去解决经济问题，其基调仍是自由放任。美国总统罗纳德·里根和英国首相撒切尔夫人等都是其思想的倡导者和政策主张的实践者。

1981 年 1 月 20 日，罗纳德·里根就职美国总统，他上台后大量地实施自由主义的政策。其中包括：

1. 实施美国历史上最大的减税计划

1981 年 7 月、8 月间美国参、众两院分别通过里根政府提出的 1981 年复兴税法，要求从 1981 年 10 月起的三年内，分三次降低个人所得税从 5% 到 10% 再到 23%，边际税率从 14% 到 70% 降为 11% 到 50%；同时，优惠投资的个人收益、降低公司的边际税率、加速工业设备的折旧期限。

实施经济复兴法的结果，1981－1984 年间联邦政府税收减少了 3152 亿美元。鉴于 1980－1982 年经济危机的影响，1982 年 8 月，里根政府提出自 6 月起，在三年内增税 683 亿美元的法案。但是随着 1983 年经济形势的好转，1984 年 11 月，财政部长里甘提出了《关于基本税简化和改革的报告》。

1985 年 5 月 28 日，里根政府又提出了税制改革的新建议。经过国会多次争吵和妥协，1986 年 10 月 23 日，里根签署了 8 月 23 日和 9 月 29 日美国众、参两院分别批准的修正税法，即 1986 年税制改革法案。这是二战后最大规模的一次减税行动。根据这一法案，降低了个人所得的最高税率，使超富裕阶层的所得税平均降低了 16%；由于不同阶层税率都有所下降，全国人均免税额减少了 6.4%；新税法将公司所得最高边际税率由 46% 减为 34%，最低边际税率定为 20%，同时取消了一些项目的优惠税率，延长了资产折旧年限。它改变了 30 多年来税率越订越高，特惠越来越多的情况。它实际上是大规模减税和局部增税的结合，既使中产阶层得到实惠，又推动经济结构的调整，政府估计七年内，每个家庭每年可支配收入增加 600－900 美元。

2. 坚持紧缩货币政策，严格控制货币膨胀

里根政府改变以往把紧缩货币作为扩张性财政政策的补充手段的主张，预定 1981 年的货币供应量增长幅度为 3.6%，实际只有 2.1%，持续严格控制货币发行量的结果，消费物价由 1980 年的 12.4% 下降到 1982 年的 3.9%。1980 年美国通货膨胀率为 18%，到 1987 年降到 3%。由于美国的高利率政策，单 1985－1986 年就有 1000 亿美元流入美国，刺激美国经济的回升，然而，美国商品竞争力的下降却导致美国出现巨大贸易逆差，1980 年贸易逆差为 389.89 亿美元，1987 年高达 1530 亿美元，1985 年美国成为 1916 年来头一回的债务国。

3. 推行新联邦主义，改革社会保障制度

里根政府的社会福利改革思想主要是：改变联邦政府过重的社会福利负担；大幅度削减社会福利保障支出，尤其是随意性开支；减少联邦政府在干预社会福利保障方面的责任，由州和地方政府更多地负担社会福利保障的责任，促进私人和社区福利事业的发展。

1983 年 4 月，里根签署了国会通过的一揽子社会福利改革计划，削减一些社会保障项目，尤其是"随意性"的社会福利开支，用以解决当时出现的联邦政府承担社会福利的过重负担。1982－1985 财政年度，未成年儿童家庭补助和食品券开支，比 1981 年前减少 13%，医疗补助减少了 5%，儿童营养补助减少了 4.4%，一般就业和训练基金减少了 35%，工作鼓励项目减少了 33%。48%年收入低于 2 万美元的家庭受到了影响。为了解决子女抚养的新问题，他还强调州和地方政府要承担社会保障的某些责任，并推动私营福利事业的发展。

4. 致力平衡预算，放松对企业控制

里根于 1985 年 12 月签署了《1985 年平衡预算和紧急控制赤字修正案》，致力于平衡预算，控制财政赤字，放松对企业的控制，规定每年赤字限额，一旦超过最高限额 100 亿美元，授权总统可以削减预算开支的比例。

由于里根政府的引导，美国这条"诺亚方舟"度过了严重经济危机，并带来了持续 72 个月的 80 年代经济增长新局面，使 60 年代以来困扰历届美国总统的高失业率、高通货膨胀、能源危机三大难题得以缓解。但是，由于其政策使企业资产值下降，很多企业破产，致使其政策在实施之初曾一度出现经济更加严重的衰退。1981 年美国名义 GDP 增长率为 12.02%，失业率为 7.1%；1982 年名义 GDP 增长率突然下降到 4%，失业率突然上升到 9.7%。但随后经济开始缓和，到 1984 年名义 GDP 增长率上升到 11.27%，失业率下降到 7.5%。

与美国类似，英国撒切尔政府也采取了自由主义政策。1979 年撒切尔夫人出任首相后，撒切尔政府政策一反工党的强化政府干预、管制市场的政策主张，倡导减少政府干预，大力发挥市场的力量。其政策要点包括抛弃工党政府采用的用控制总需求进行宏观经济管理的政策；减少政府开支，减少政府干预；刺激私营企业提高绩效，提高其生产积极性；改革税收制度，减少私营企业的税负。最终，撒切尔政府带领英国走出了经济衰退的阴影。

4.1.1.2 韩国的大规模破产政策

20 世纪 60 年代以后，作为亚洲四小龙之一的韩国利用西方发达国家向发展中国家转移劳动密集型产业的机会，吸引外地资本和技术，迅速走上富强之路，成为东亚和东南亚地区的经济火车头，引起世界瞩目。在 1960 年以前，韩国同非洲撒哈拉地区以及南部非州和南亚国家一样，排在最贫穷国家行列中，但是 20 世纪后半期以后，1990 年韩国登上了人均国民生产总值 5000 多美元的台阶。

高投资是韩国经济起飞的一个重要原因。20 世纪 70 年代是韩国高速增长的时期，1970 年以后，韩国的投资占国民生产总值的比重持续在 25％以上，并且以平均每年两位数的速度高速增长。在投资的带动下，韩国经济如同注射了"兴奋剂"一样，迅猛增长。从 1971－1996 年，韩国总投资年均增长 21.64％，与此相对应，名义 GDP 年均增长 24.27％。图 4.1 能清晰地了解经济增长与投资之间的变动关系。

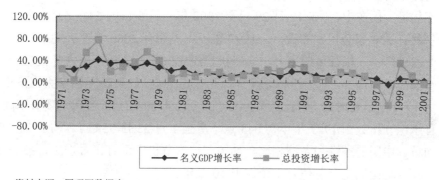

资料来源：国研网数据库。

图 4.1 1971－2001 年韩国名义 GDP 增长率与总投资增长率

然而，诚如我们前面所分析的那样，如此快速的高投资扩张过程，导致企业的资本存量迅速上升，继而导致企业的折旧和利息成本快速上升。但与之相比，工资却上升很慢。从图 4.2 中可以看出，在大多数年份中，折旧的增长率要高于工资的增长率，导致随着韩国经济的快速增长，韩国企业的成本结构中可变成本的比重越来越低，收入分配结构中工资收入的比重越来越低。如果此时投资不能再以累进的速度增加，那么韩国就会爆发由有效需求不足导致的经济衰退。

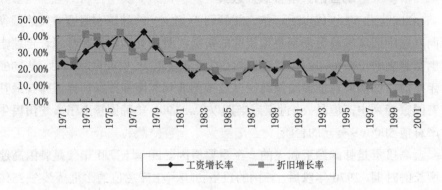

资料来源：http://www.nso.go.kr.

图 4.2   1971－2001 年韩国工资增长率与折旧增长率

　　1997 年，东南亚金融危机爆发并迅速波及东南亚诸国。受其影响，韩国当年的投资增长率下降到-2.26％。一连串大企业相继宣告破产和陷入经营危机，仅在 1997 年 12 月 29 日至 1998 年 1 月 5 日的 5 个交易日中，首尔就有 500 家公司宣布破产。1997 年一年大约有 3000 多家公司破产。企业的破产引发银行风险上升，金融机构纷纷倒闭，动摇了国内外投资者对韩国经济的信心，他们纷纷兑换外币和抽走资金，导致韩元汇率大幅下跌，由 1997 年年初时的 861：1 跌至 12 月 23 日的 2000：1。股市也随着下跌，首尔综合指数由 1997 年年初 643 点下滑至 1 月 23 日 354 点。与亚洲的新加坡、中国的香港和台湾相比，韩国在这次危机中受打击最严重，按美元计算人均国民生产总值一下子倒退 10 多年。

　　韩国经济在经历了始于 1997 年 11 月的金融危机的沉重打击后，1998 年进行了大刀阔斧的经济改革，对过去的发展模式做出重大改变，其中最为重要的一项措施就是实行企业间兼并破产，降低资本存量价值，改变企业的资产负债结构。

　　金融危机以后韩国对企业进行了大幅度的整顿，将大企业进行分类调整。在对财阀企业的整顿中，将最大的 5 家作为第一类，要求它们进行自我调整。第二类是除 5 家最大财阀之外的第 6 至第 64 名的大企业，对这类企业由银行协助调整。这些企业是否破产，是否调整经营方向和经营策略，由银行根据其经营状况进行分析和指导。其余的企业划分为第三类，这类企业在市场机制引导下进行调整。韩国政府要求各大企业：（1）降低资产负债率。在危机发生时，韩国大企业资产负债率的水平达 500％，有的企业甚至超过 1000％。韩国政府要求负债最多的 64 个财阀与银行签订财务结构改善计划，限令 5 大财阀在 1999 年末把负债率降到 200％以内，而对于超过自有资本 5 倍的过度贷款，从 2000 年开始不再把利息认定为经营费用。（2）企业缩小经营范围，通过财阀之间的产业置换使财阀经营有优势的产品，同时要求他们变卖自己优良资产，用变卖所得补充自有资本，降低资产负债率。与此同时，开放不动产市场，免除不动产转让差价税，以帮助企业筹措资金。（3）禁止系列企业间的贷款担保。韩国大企业集团内部系列企业间的财务互保制度是产生企业过度负债的重要原因。为了消除相互财务担保扩散的不良影响，韩国政府从 1998 年 4 月开始，原则上禁止财务互相担保，要求 30 个大企业集团企业之间的债务互保控制在 100％之内，到 2000 年 3 月底，完全禁止财务互保。禁止金融机构要求企业提供相互财物担保，使金融机构在健全的贷款审批基础上，决定贷款与否。

应该说，三年的公司重组活动取得巨大成就。通过改革，韩国最大公司附属企业间的债务担保额从 1998 年 4 月的 26.9 兆韩元下降到 1999 年 6 月底的 7.7 兆韩元，5 个最大财团的债务资产比从 1998 年的 386％下降到 1999 年底的不足 200％。现代、三星、LG、SK 四大财团的财务结构也有大幅度的改善。如表 4.1 所示，四大财团的平均债务比在 1999 年底已经从 1998 年底的 352％下降到 173.9％。1999 年，四大集团通过出售资产获得 12.2 兆韩元现金，通过发行新股获得 22.7 兆韩元现金。结果是，它们通过自救获得 37.7 兆韩元现金，超过预定目标 33 兆韩元现金。此外，它们还吸引了 843 亿美元的外国资本，超过预定的 719 亿美元的目标。

表 4.1　四大财团财务结构的改善　　（单位：兆韩元，％）

	1998 年底（A）	1999 年底（B）	1999 年底		结果	
			计划数（C）	实际数（D）	（D-A）	（D-B）
债务比	352	254.6	197.7	137.9	-178.1	-80.7
包括资产重估在内	286.8	207.8	171.8	147.4	-139.4	-60.4
债务	165.1	160.9	128.3	139.6	-25.5	21.3

资料来源：Baek in Cha Korea's Financial and Corporate Sector Reform[J]. Paper for Korea-OECD Conference, Korea Institute of Finance, 2000.

在剥离非核心企业方面，到 1999 年 6 月，韩国 30 家最大财团总共剥离 484 家企业，最大的五家大财团也纷纷将其附属企业出售给外国投资者。此外，1999 年底开始清理活动的 17 个负债严重的主要财团，到 2000 年底已经处理了 303 个子公司中的 237 个，其中 128 个子公司已经完成清理程序。在这 237 家清理的子公司中，有 112 家子公司被卖掉，52 家关闭了，51 家与其他企业合并，22 家处于法院的监管之下。其他列入清理计划的第 6 到 64 位大财团所属的 109 家子公司中，已经处理 52 家子公司，其中出售 27 家，处理 19 家，合并 2 家，处于法院监管之下的有 4 家。具体处理情况如表 4.2 所示。

表 4.2 列入清理名单的公司所属子公司的处理情况

	子公司（A）	清理（B）	继续（C）	处理情况				
				出售	清理	合并	法院监管	总计（A-B-C）
主要负债财团	303	54	12	112	52	51	2	237
第 6—64 位大财团	109	39	18	27	19	2	4	52

资料来源：Baek in Cha Korea's Financial and Corporate Sector Reform[J]. Paper for Korea-OECD Conference, Korea Institute of Finance, 2000.

经过企业大量的兼并与破产之后，韩国政府有效地降低了企业的资本存量价值，改善了企业的资本负债结构。再加上整顿金融秩序的一系列改革，韩国政府成功地化解了银行的不良资产，修复了银行的信用关系，为韩国经济的恢复创造了良好的条件。1999 年，韩国名义 GDP 增长率恢复至 8.64%，创造了经济恢复的奇迹，成为"东亚地区遭受金融危机的国家和地区中第一个摆脱危机的国家"[①]。

4.1.2 提高工资比重

美国里根政府和英国撒切尔政府采取自由主义政策使本国经济摆脱了衰退的困扰，但在这些政策实施之初都导致了经济的严重衰退，大量企业、银行破产，失业率随之上升，直到几年之后，美国和英国经济才奇迹般地回升，并逐渐走出了滞涨。像中国这样的市场经济不成熟的发展中国家根本不能采用这种政策来摆脱衰退，因为我们根本无法忍受像美国和英

---

① 国际货币基金组织负责人语。

国 20 世纪 80 年代初那样的严重经济衰退，这种政策只对成熟的市场经济国家有效。

虽然韩国 1998 年后采用大规模破产的政策也取得了好的效果，但当时韩国已经基本上完成了农业劳动力的转移。在目前我国农村人口依然占 60%的条件下，采用紧缩政策不仅起不到降低资产值和改善收入分配的结果，而且会由于失业的大量增加使收入分配急剧恶化，将产生严重的社会问题。

由此可见，在像我国这样存在二元经济结构问题且市场经济尚不成熟的发展中国家，是不能够采用像英美以及韩国那样的政策来降低资产值，进而解决有效需求不足问题的。我们只能从另一个侧面来考虑，那就是提高工资比重。这样，就可以使扭曲的企业成本结构和收入分配结构逐渐合理化，解决有效需求不足的问题。

提高工资比重，就要加速工资的增长。但这里我们说的增加工资，并不是单纯地增加平均工资率。近年来，我国的货币工资率一直保持较高的增长速度，职工平均货币工资从 1990 年的 2140 元上涨到 2020 年的 97379 元，增长了 44 倍，但这并没有带来工资总额在 GDP 中所占比重的明显增加。1990 年职工工资总额占 GDP 的比重为 15.91%，2020 年这一比重仅上升至 16.15%。

平均工资率迅速上升和工资总额所占比重缓慢上升并存的现象必定会使就业量下降，产生这种现象的原因就在于工资率的增长速度不均衡，且增长较快的是少部分人，增长较慢的是大部分人。从 1990 年到 2019 年，我国农、林、牧、渔业职工平均工资增长最慢，只增长了 2452.89%；而金融业职工平均工资增长最快，增长了 6166.33%，两者相差 2.51 倍。而且在这段时期内，我国收入最高的行业与最低的行业职工平均工资之比一直处于上升趋势，1990 年职工平均工资最高的是采掘业，为 2718 元，最低的是农、林、牧、渔业，为 1541 元，前者是后者的 1.76 倍；2019 年职工平均工资最高的是金融业，为 131405 元，最低的仍然是农、林、牧、渔业，为 39340 元，前者是后者的 3.34 倍。

假定社会工资总额不变，或变化较小，增加高收入者的收入，只能使穷者愈穷，富者愈富，从而使社会贫富差距越来越大。从 20 世纪 90 年代初，我国的基尼系数不断上升，从 1990 年的 0.33 上升到 2019 年的 0.465，这已经超出了 0.4 这个警戒线，贫富差距过大，分配不公和收入不平等的状况超过西方发达国家平均 0.34 和世界平均 0.4 的水平，仅比拉丁美洲 0.49 略低。

正如我们在上一章中分析的那样，一方面，按照边际消费递减规律，高收入者的消费倾向要小于低收入者的，因此，不断扩大的贫富差距必定会使社会平均消费倾向下降，从而降低消费需求。另一方面，这种不断加大的贫富差距会导致我国的需求结构和产业结构畸形化发展：一边是低收入者连基本的生活消费品都买不起，同时基本消费品工业生产不断萎缩，甚至是大幅萎缩；另一边却是各个行业不停地开发、积极地生产那些只有极少数富人才消费得起的奢侈品。富人的收入增加以后，又只会增加对"奢侈品"的消费，从而使每年新增的国民生产总值只是在富人之间流动，进而加剧"富者愈富，穷者愈穷"的现象，形成一个恶性循环。

可见，增加高收入者的收入根本不能解决我国现在面临的有效需求不足的问题，它只能使事情更糟。增加工资的重点在于提高低收入者的收入，而在大多数发展中国家，例如我国，社会经济中收入最低的就是农民。

前面我们从行业工资率的角度进行了分析，可知农、林、牧、渔业职工的工资是我国所有行业中工资率最低且增长最缓慢的。下面我们从城乡差异的角度进一步讨论农民收入的问题。

由于存在显著的二元经济结构，我国城乡收入悬殊，而且这种悬殊差距还在不断地扩大。1990 年我国农村居民人均纯收入为 686.31 元，城镇居民人均可支配收入为 1510.2 元，后者为前者的 2.2 倍；而 2020 年我国农村居民人均纯收入为 17131 元，城镇居民人均可支配收入为 43834 元，后者为前者的 2.6 倍，城乡收入分配差距越来越大。

农民收入如此之低，占人口比重如此之大，到 2020 年底，我国乡村人口占人口总数的 36%，严重阻碍了我国有效需求问题的解决。因此，在像我国这样的存在二元经济结构问题且市场经济尚不成熟的发展中国家最根本也是最直接的方法就是增加低收入者——农民收入。

第二节　增加农民收入根本途径的选择

如何增加农民收入这一问题，近年来越来越受到经济学家和政府官员的重视。他们从不同的角度出发，提出了多方面关于农民增收的对策。下面，我们对主要的几种措施进行分析。

4.2.1 通过减负增加农民收入

一方面，由于我国现行的农村管理体制带来了庞大的公共支出需求压力，这种需求压力又转化成农村地方政府向农民收取费用的有力动力，农业税实行"轻税政策"的结果更使农村地方政府旺盛的收费需求得不到有效的满足，从而为农村税外负担的产生提供了肥沃的土壤；另一方面，现行的税外农民负担管理政策、法规本身就存在严重的缺陷，农村税外负担收取和管理缺乏有效的约束机制，进一步助长了农村税外负担的不断膨胀。因此，近年来我国农民负担日益严重，广大农民已经"不堪重负"。据统计，2003 年洞庭湖区农民人均各项税费负担有 151.85 元，占全年纯收入的5.3％。

因此，有些经济学家和政府官员提出，增加农民收入主要在于通过政府的政策途径，从减轻农民负担的角度来实现收入的增加。近几年，我国政府采取的减轻农民负担的措施主要包括三方面：

4.2.1.1 税费改革

1998 年 10 月，财政部、原农业部、中央财经领导小组办公室联合成立了农村税费改革领导小组，开始研究部署农村的税费改革工作。2000 年3 月开始在安徽全省，以及湖南、甘肃、河北、河南、黑龙江、陕西、内蒙古等分县市进行农村费税改革试点。具体的做法是：将原来的乡统筹，即乡村两级办学经费或农村教育事业附加费、计划生育、优抚、民兵训练和修建乡村道路五项由乡镇支配的资金，纳入农业税的范畴；村提留即管理费、公益金、公积金三项由村级支配的资金，前两项改为农业税费附加，其数额按农业税的一定比例确定，公积金则由村民按"一事一议"的办法筹集。在征收方式上，农业税及附加和农业特产税及附加采取征收代金制。统一由财政机关负责征收，且可以由粮食、林业、供销等部门在收购农产品时代扣代缴，避免以往因乡村干部上门催收造成的各种问题。在农业税收政策上，调整了农业税税率，重新核定农业税的计征标准。实行税费改革后，农业税和特产税归政府，实现了"交足国家的"，农业"两税"附加和"一事一议"筹资属村集体，规范了"留够集体的"，取消了各种乱收费，保护了农民的合法利益，确保了"剩下都是自己的"。税费改革改变了以往征收农民钱款的方式，完全由国家按法定程序、法定税率统一征收，一方面防止其数额的随意扩大，减轻农民的负担；另一方面也体现了税收公平，使城乡居民在依法纳税、税收负担上趋于平等。其实质是调整和规范国家、集体与农民的利益分配关系，将农村的分配制度纳入法制轨道，用制度来规范分配行为，理顺农村的分配关系，扼制农村的"三乱"和各种摊派，切实减轻农民负担，是建国以来我国农村继土地改革、实行家庭联产承包经营制之后的又一次重大改革。

4.2.1.2 精简机构

农民负担重，各种乱摊派、乱集资、乱收费、乱罚款屡禁不止，是有其体制性根源的，这就是乡村两级机构庞大，机构臃肿，财政供养人员过多，导致支出膨胀，入不敷出，需要靠"收费养人"。全国目前仍有 3.7 万个乡镇政府，67.86 万个村民委员会。据统计，县级及以下需要农民出钱养活的干部有 1300 多万人[①]。于是，学术界就提出通过精简机构，减少吃"皇粮"的人员，清退乡镇自聘人员，减少村组干部，按农村的实际情况设置政府机构，以政府职能为出发点，严格控制乡镇干部和工作人员的职数，降低行政成本，从根本上堵住增加农民负担的源头。

4.2.1.3 减少农民的隐性负担

农民的隐性负担是指农民出售农产品、购买工业品，长期以来承受着沉重的"价格剪刀差"的负担，俗称"暗税"。据测算，仅仅在 1979－1994 年的 16 年间，政府通过工农产品剪刀差的形式，从农民手中提取了大约 15000 亿元的"暗税"，年均为 938 亿元，而同期农业税总额为 1755 亿元，年均 109.7 亿元，前者相当于后者的 8.5 倍。[②]这种隐性负担是强加给农民的额外负担。事实上，农民与工商业者之间应当是一种等价的交换关系，但由于政府对城乡经济活动的倾向性干预，破坏了它们之间的平等关系。于是学术界提出了由国家加大对农业的投资、提高农产品收购价格、减少工农产品价格"剪刀差"等措施来减少农民的隐性负担。

通过税费改革、精简机构、减少农民隐性负担，的确能在某种程度上可以减轻农民的负担，提高农民的收入。但是，随着政府与农民利益关系的规范化，以及政府税收的合理化，通过这一途径来增加农民收入的余地也不会很大。并且，以减负来增加农民的收入并不具有持续性，而是表现出明显的阶段性特征。

---

① 韩俊. 关于增加农民收入的思考[J]. 农业经济学，2001（05）：130.
② 周诚. 农民收入面面观[N]. 中国经济时报，2001－05－23.

4.2.2　通过提高农业劳动生产率增加农民收入

随着工业革命的爆发，工业在世界各国经济结构中的地位日益提高，尽早实现工业化一度成为政治家和理论家共同的梦想，经济理论中充斥着"工业第一，农业第二"的思想。

早期的发展经济学和发展中国家的政策制定者受西方经济思想的影响，自然也忽视了农业的发展。在著名发展经济学家刘易斯的二元经济发展模型中，农业的发展既是喜又是忧：喜的是，农业劳动生产率的提高带来农业剩余的增加，会使工业部门的贸易条件得到改善，从而有利于阻止工业部门实际工资的上升；忧的是，农业劳动生产率的提高，会增加农民的实际收入，从而推动工业部门实际工资的上涨。刘易斯把这种两难困境表述为："如果维持生计部门生产了更多的粮食，那么，我们就可能在摆脱不利贸易条件的'女妖'的同时，又遇上了由于维持生计部门生产力更高所引起实际工资上升的'魔鬼'。"①在这种情况下，农业劳动生产率的提高对工业部门实际工资的最终影响结果取决于农产品的需求弹性，如果农产品的需求弹性大于 1，那么农业发展就会推动工资的上涨；反之则反。刘易斯感觉到，在工业化进程中，随着"食物需求的不断增加，食物价格的下降速度比不上农业生产率增长的速度"②，因此农业生产力的进步，无法阻止工业部门实际工资的上涨，从而必然要侵蚀工业利润，影响经济增长。正因为如此，尽管他认识到在农业停滞的情况下，不可能有工业的发展，并指出"如果农业生产得不到同时增长，生产再多的工业品也是无用的，这正是工业革命和农业革命为什么总是同时爆发的原因，也是为什么农业停滞的经济中看不出工业发展的原因"③，但是在他的理论框架下，农业生产力实际上只是处于停滞状态。

在刘易斯之后的发展经济学家赫西曼提出的不平衡增长理论强调发展中国家最为迫切的任务就是要率先实现工业化。赫西曼指出，农业劣于制造业的一个最重要的、"最令人信服"的原因是："农业——特别是自给自足的农业——缺乏联系效应，是其自然特征……虽然现代生产方法的介入足以使农业从外部购买种子、肥料、农药及其他经常性投入，更别说还

---

① 刘易斯. 二元经济论[M]. 北京：北京经济学院出版社，1989. 31.
② 刘易斯. 二元经济论[M]. 北京：北京经济学院出版社，1989：31.
③ 刘易斯. 二元经济论[M]. 北京：北京经济学院出版社，1989：31.

有机械、车辆等生产资料，但是就其本来意义分析，所有初级生产总是排除了达到重要的后向联系……大部分农产品都是为了直接消费或出口，其他部分则供应加工业。但是这些加工工业最多只能算是卫星行业，因为它们为农产品所增加的价值相对于其自身产品的价值并不大。在不发达国家，农业总产出中只有极少的部分得到了精加工，而它们通常还是在国外进行的，因此，农业和矿业的前向效应也是微弱的。"[①]相反，工业生产的优势是它具备很强的前向和后向联系效应。因此，"在发展的早期阶段，无须首先进行农业革命，而直接建立最终部门，工业化也能够通过联系效应维持自身发展[②]。由于工业部门具有"后向联系"效应，"工业化已经被证明是农业发展的一个巨大刺激"。因此，发展中国家最为迫切的任务就是要率先实现工业化战略。

　　这种"先工后农"的发展战略对于发展中国家的发展曾经起到非常积极的作用。但是自 20 世纪 60 年代开始，许多实行这种发展战略的发展中国家相继遇到了挫折。"先工后农"战略不仅未能有效地促进工业和整个经济的发展，甚至导致了农业的倒退和饥荒的发生。此时人们不得不承认虽然工业化是诱人的，虽然纯粹发展农业不可取，但是工业化进程确实又离不开农业的贡献。正如托达罗所说："在很大程度上，经济发展理论在 20 世纪 70 年代发生了明显的变化，其中之一是，许多发展经济学家认为农业和农村的发展是国民经济发展的绝对必要条件。没有这种农业和农村的发展，工业或者是毫无意义的；或者，即使获得成功，也会使普遍贫困、不平等和失业问题变得更加严重，从而造成国内经济的严重不平衡。"[③]《1982 年世界发展报告》的实证研究清楚地揭示了农业确实在经济发展过程中发挥着基础性作用："70 年代，在 31 个年均 GDP 增长超过 3% 的国家中，有 18 个国家的农业年均增长率超过了 5%。同一时期，在 22 个 GDP 增长低于 2% 的国家中，有 15 个国家的农业增长低于 3%。在 20 个经历了中等速度增长的国家中，有 15 个国家的农业增长率和 GDP 增长率的差距不到 2 个百分点。"1984 年印度学者加塔克和英格森特，在合著的《农业与经济发展》一书中，清楚地将农业的作用概括为"农业的四大贡献"：（1）为其他部门的发展提供了食物和原材料；（2）通过税收和储蓄为其他部门提供

① 赫西曼. 经济发展战略[M]. 北京：经济科学出版社，1991：99.
② 赫西曼. 经济发展战略[M]. 北京：经济科学出版社，1991：99.
③ 托达罗. 经济发展与第三世界[M]. 北京：经济科学出版社，1992：152.

了"可投资的剩余";（3）为其他部门的产品提供了需要;（4）通过出口和进口替代为经济的发展提供和节省了外汇。简称为:产品贡献、要素贡献、市场贡献和外汇贡献。

正因为农业在发展中国家的经济发展中发挥着如此重要的基础性作用,有些经济学家提出增加农民收入的根本之路在于提高农业劳动生产率。这一方面可以解决我国农民增收难的问题,另一方面还可以为工业发展奠定坚实的基础,进而促进整个经济的快速发展。提高农业劳动生产率有两条途径可以选择,一个是加大对农业的投入,一个是科技进步。

4.2.2.1　加大对农业的投入

从我国国家财政对于农业支出的增长情况及其占财政支出总额的比重,以及与其他国家的横向比较来看,我国的农业投入的确是不足的。

英国经济学家莫利通过多年研究得出了一个结论:人均收入每增加1%,农业固定资产投入占农业总产值的比重就应上升 0.48%。因此,西方国家都是实行"输血式"的农业产业政策,给农业生产以各种补贴和优惠贷款,再投入率通常在 6%－8%,即使发展中国家,农业总产值再投入率平均也达 3.1%,而我国一直维持在 1%－1.5%。从财政支农规模及占财政支出比例来看,2020 年国家财政用于农业的支出占财政总额的 9.8%,这说明我国的支农投入是明显不足的。

因此,很多经济学家指出,要增加农民收入,就应当通过政府财政、信贷等渠道以及"工业反哺农业"加大对农业的投入,这种投入既包括增加基础性投入,如大中型农田水利工程、农业科研与推广、农业信息系统建设等,为农业生产的长久健康发展提供保障;又包括增加农业的常规性投入,如每年的种子化肥、农药等常规性物质资料的投入,以此提高农业劳动生产率,促进农业增产增收。

但实际上,政府财政支农的资金来源是税收,要扩大对农业的补贴必定要增加对工业企业的征税,从而导致工业企业成本上升,而"工业反哺农业"则会直接增加工业企业的成本。这就类似于我们上一章对国家转移支付的分析,增加企业成本只能使企业提高供给价格,这一方面会导致价格水平上升,另一方面会导致企业产品滞销,为了避免和降低亏损,企业只能降低工资或解雇工人,这将更加不利于解决我国有效需求的问题。因而在我国有效需问题尚未解决的条件下,扩大对农业的投入只是暂时提高了农民收入而已,而不能从根本上解决农民增收难的问题。

4.2.2.2　技术进步

经济学家们提出另一个提高农业劳动生产率的办法就是技术进步。在第二章中，我们曾经分析了技术进步与经济发展的关系，指出经济学家利用余数法计算技术进步对经济发展作用的做法是错误的，技术进步不是经济发展的原因，它只是经济发展的结果，所以二者才呈现出高度的相关关系。

20 世纪 70 年代，日本经济学家速水佑次郎和美国经济学家弗农·拉坦提出诱致性技术进步理论，其后发生在墨西哥、菲律宾、巴基斯坦、印度、印度尼西亚、泰国、哥伦比亚等发展中国家农业生产中的绿色革命似乎也证明，技术进步的确能够带来农业的增产和农民的增收。自此以后，发展经济学家就把技术进步当作是增加农民收入的"法宝"，认为科学技术是农业发展、农民增收的根本所在。

但实际上，很多发展中国家，例如我国，现今的技术已具相当水平，而关键的问题是农民根本不使用这些先进的设备进行耕种。比如说，拖拉机的生产和使用技术在我国早已普及，但是，在我国很多地方的农村至今仍使用手工劳动，拖拉机的使用率并不高。至 2004 年底，全国农民共拥有农用大中型拖拉机 1118636 台，小型拖拉机 14549279 台，合计 15667915 台，平均每百户农村家庭仅拥有 6.27 台。农民采用手工劳动而不使用拖拉机的原因是生产拖拉机的"固定成本"太高和农民的收入太低，对于农民来说使用拖拉机在成本收益计算上不合算。从理论上说，拖拉机的使用肯定会替代更多的劳动，如果在竞争的市场或解决了有效需求问题的条件下，如果生产拖拉机的"固定成本"过高，拖拉机厂一定会破产而降低"固定成本"和使农民的工资提高而使用拖拉机。但由于有效需求问题，拖拉机厂被更改为生产汽车而适应高收入阶层的需求，而农民仍旧无法使用拖拉机。可见，在我国有效需求问题尚未解决的条件下，加速技术进步根本不可能达到农业劳动生产率的目的。

另外，即使通过加大对农业投入和技术进步而提高了农业劳动生产率，那么这种农业劳动生产率的提高是否真的可以使农民收入增加，仍有待商榷。可以用最简单的工业和农业两个部门模型来说明这一问题。假设农村存在着剩余劳动力，即劳动力流出并不改变粮食产量，同时假设人们对粮食的需求没有收入弹性。在这个模型中，给定粮食的初始价格，如果城市人口与农村人口各为 50%，农民的收入将是粮食初始价格的两倍。这样，农民的收入只取决于城市人口的数量或农村人口与城市人口的比例，而与农业的劳动生产率无关。如果农业劳动生产率提高一倍，只要农村劳动力数量不变，则农民的收入水平不变，只是农村的剩余劳动力增加一倍。而且，如果粮食的产量超过需求将使价格下降，农民的收入反而会减少。

利用这一模型我们还可以分析我国城乡差距不断扩大的原因。假设农村的劳动力不变，则粮食的价格取决于工业部门的收入和对粮食需求的收入弹性，我们可以用恩格尔系数来表示对粮食需求的收入弹性。这样，我们可以把恩格尔系数作为工农业部门间收入的流动比例,给定经济增长率，将决定农村居民和城市居民收入分配比例的变动。例如，我国 20 世纪 90 年代以来，随着收入水平的提高，恩格尔系数呈现出下降趋势，1992 年农村和城镇居民的恩格尔系数分别是 0.576 和 0.53,2012 年分别下降到 0.526 和 0.421，2004 年进一步降到 0.393 和 0.362。由于城镇居民的恩格尔系数大幅度下降，城镇居民总收入中通过农产品购买转移到农民手中的比例大幅度下降，而农村居民恩格尔系数的下降则使更多的收入转移到工业部门或城镇居民手中，由于农村居民的比重超过城镇，则上述数据显示的农村居民恩格尔系数下降显然使农民的相对收入进一步减少。给定恩格尔系数的这种下降的趋势，则经济增长率越快，农村居民对城镇居民的收入比例越低。

4.2.3　通过农村劳动力转移增加农民收入

在前面的分析中，我们指出，靠加大农业投入和科技进步提高农业劳动生产率并不能切实地增加农民收入。这是因为，农民收入只取决于城市人口的数量或农村人口与城市人口的比例，在农村存在几亿剩余劳动力的条件下，无论采取怎样的政策，农民收入都很难上升，而且不能建立统一的劳动力市场，农业劳动生产率的提高只能造成城乡差别的继续扩大。因此，增加农民收入最行之有效的措施应该是改变农村人口与城市人口的比例，也就是说，要使农民收入提高必须把农业部门的劳动力转移到工业部门，农业部门收入的增长完全取决于转移的劳动力数量。

首先，大量的剩余劳动力集中于农业领域，必然导致农民人均农产品分摊低，进而导致农民收入低。将这些农村剩余劳动力转移到其他行业，就可以减少农村新增劳动力在农业就业的数量，甚至绝对减少了在农业就业的劳动力数量，增加了人均耕地面积和人均农产品分摊，进而增加了农民的收入。

其次，将农村剩余劳动力转移至其他行业，由于其他行业的工资率明显高于农业，因此必然会提高这部分转移的农民的收入水平。

最后，通过转移出来的农村劳动力将资金、技术、信息、管理经验及新的观念意识带回家乡，可以带动流出地区农村的经济发展。据四川省25个县1000个农户抽样调查推算，1993年上半年四川全省农村外出民工达510万，仅仅通过邮局汇回的现金收入达25.8亿元，其中从外省汇回的占91%，[①]这是一笔相当可观的可以用于支援当地农村生产和生活的资金。更具有进步意义的是，外出民工增强了市场经济意识，开阔了眼界，转变了观念，提高了自身素质。在外，他们已成为一支强大的生力军；回到家乡时带回的知识、技术、信息和新观念，对其家乡经济建设的发展和思想观念、生产方式的转变均具有不可估量的价值，产生了很大的积极影响。

因此，将农村剩余劳动力转移到其他行业才是增加农民收入最有效的途径。

纵观我国农村劳动力转移的历程，大致可以分为六个阶段：

第一阶段：从建国初期到改革开放前期（1952－1978年），农村劳动力转移停滞。

中华人民共和国成立后，我国采取了优先发展重工业的发展道路，这本来是为我国早日实现现代化、推进工业化的发展道路，按国际常规也应该是推进城市化进程，促进农民向非农产业转移，向城镇集聚。但是，我国选择了二元结构发展模式。

在这一时期，我国政府通过在城镇实行严格的户籍制度和在农村实行人民公社制度这两项主要措施，严格控制了城乡劳动力的转移，使得农业劳动力流动的机会成本相当高昂，甚至流动变得几乎不可能。从1952－1978年的26年间，我国第一产业就业比重从83.5%下降到70.5%，平均每年仅下降0.5个百分点，远远低于1.84%[②]的世界平均水平。而且在此期间，还发生过两次就业转移的回流。第一次是在产业结构严重地向重工业倾斜的情况下，1958年又提出"以钢为纲""大炼钢铁"，工业的"大跃进"，超强度破坏了农业资源，给农业带来了大衰退。1958－1962年农业总产值

---

① 朱泽. "民工潮"问题的现状、成因和对策[J]. 中国农村经济，1993（12）：33－36.

② 文军. 从分治到融合：近50年来我国劳动力移民制度的演变及其影响[J]. 学术研究，2004（07）：34.

以年均 6%的速度递减；从 1959 年起农业总产值连续 4 年、粮食产量连续 7 年低于 1957 年水平。1960 年人均占有粮食由 1957 年的 302 公斤下降为 108 公斤，每人减少 194 公斤粮食。由于农业的萎缩，迫使工业也只能大幅度下马，就业结构产生了回流逆转，劳动力被强制性返回农村。1961—1963 年三年期间，总共有 2000 多万人，由城镇返回或下放农村，第一产业就业比重大幅上升。从 1963 年开始全国城市每年有 200 多万新增劳动力不能就业，到 1966 年累计城镇待业人员达 600—700 万人。第二次，是 1966—1976 年的 10 年"文化大革命"时期，再次向重工业超度倾斜。重工业投资由 45.9%上升到 51.1%，农业投资由 17.7%下降到 10.7%，就业结构转换速度由 7.6%下降到 5.8%。这期间非但农村劳动力得不到转移，城市的就业压力也转向农村，政府动员了大约 1700 多万人到农村安家落户。

与几乎停滞的劳动力转移相对应，这一时期我国农民收入也上升缓慢。1952 年我国农村居民人均纯收入为 57 元，到 1978 年上涨至 133.57 元，26 年间仅上涨了 76.75 元，年均上涨 5.17%。

第二阶段：改革开放初期（1979—1983 年），劳动力转移缓慢增加。

1978 年农村开始推行家庭联产承包责任制，逐渐取代了以往的人民公社，使得农业生产率大大提高，产出大幅度增长，农业剩余的出现使得城镇食品配给制度逐渐解体，农村中农业剩余劳动力相伴而生。与此同时，在城市部门，随着经济特区的建立和发展以及非国有经济的扩张，城镇就业政策逐渐放松，城镇工业部门增加了对农村劳动力的需求，推行了数十年的严格户籍制度也逐步松动。上述诸因素使得城乡人口转移成为可能。

但是，从 1979—1983 年这段时间，我国仍然处于政府禁止劳动力自由流动的时期，因而与之前相比，此时的劳动力流动无论是在数量上还是在速度上没有发生显著变化，总体水平仍然比较低。1983 年我国第一产业就业比重下降至 67.1%，从 1979—1983 年年均仅下降 0.68 个百分点。

与此相对应，我国农村居民的收入增长也仍然比较缓慢。1983 年我国农村居民年均纯收入上涨至 309.77 元，从 1979—1983 年平均每年上涨 26.38%。

第三阶段：1984—1988 年，劳动力转移速度加快。

这一阶段政府开始允许农民自带口粮进城经商务工，政策的松动使得城乡劳动力转移已经成为一个持续不断的社会现象，劳动力流动开始加速，仅 1988 年一年的劳动力转移数就已经超过之前 6 年（1980—1985 年）劳动力转移之和的一半，我国第一产业就业比重下降到 1988 年的 59.3%，年均下降 1.56 个百分点。

与此相对应，我国农村居民的收入增长也迅速上升。1988 年我国农村居民年均纯收入上涨至 544.94 元，平均每年上涨 15.18%。

第四阶段：1989—1991 年，劳动力转移速度转慢。

这一阶段的重要特征就是"民工潮"问题开始引起社会的广泛关注，大量的农民工涌入城市，给城市带来的负面影响显现出来，政府也开始感觉有必要实施干预与控制。另一方面，我国从 1988 年底开始对国民经济进行为期三年的治理整顿，控制经济的过快增长。这导致我国劳动力转移速度转慢，第一产业就业比重非但没有下降，反而上升至 1991 年的 59.7%，年均上升 0.13 个百分点。

由于劳动力转移的倒流，我国农村居民收入涨幅也迅速下降，1991 年我国农村居民收入仅上升至 708.6 元，平均每年上涨 5.93%，涨幅退回到改革开放以前的水平。

第五阶段：1992—1996 年，农村劳动力迅速转移。

这一阶段我国政府在某种程度上是鼓励农村劳动力移民的，各地纷纷推进户籍制度改革，放宽了农户转为非农业户口的条件，增加了户口农转非的指标等；加之城乡收入差距的不断拉大，农业劳动力向城镇流动不断增加。1996 年我国第一产业就业比重下降至 50.50%，从 1992—1996 年平均每年下降 1.84 个百分点。

与此相对应，我国农村居民的收入增长也迅速上升。1996 年我国农村居民年均纯收入上涨至 1926.1 元，平均每年上涨 34.36%。

第六阶段：1997 年至今，劳动力转移速度再次转慢。

由于前述有效需求不足的问题，从 1997 年开始我国经济增速放缓，这一方面导致非农产业对于农业剩余劳动力的吸收能力减弱，另一方面导致各地政府由于城市下岗失业等问题的增多，纷纷加强了对外来移民的控制。到 2020 年我国第一产业就业比重下降至 23.6%，从 1997—2020 年平均每年下降 1.14 个百分点。

与此相对应，我国农村居民收入涨幅也迅速下降。

从上述我国农村劳动力转移的历程可以看出，我国农村居民收入增长的速度和劳动力转移的速度具有高度的一致性，特别是自 20 世纪 90 年代以后，这种一致性更加明显地表现出来。我们以 1990—2004 年的数据做回归分析，得出结果为：

dM=4.16+8.38dL

(1.87) (4.76)

R^2=0.64　　F=22.69

回归结果表明，第一产业就业比重每多下降 1％，可以使农民收入增长率增加 8.38％。

可见，要想使我国农村居民收入显著提高，最有效的途径就是加速农业劳动力向其他产业的转移。

虽然上述我国农村劳动力转移历程表明，建国以来我国农村劳动力转移已具一定规模，带动我国农民收入显著提高。但实际上，这种转移的速度是远远不够的。

第三节　加速劳动力转移途径的选择

前面的分析表明，我国要促进经济发展，解决有效需求问题，必须大幅增加农民收入，使工资比重迅速上升，从而使扭曲的企业成本结构和收入分配结构合理化。而增加农民收入最有效的办法就是农村劳动力转移。针对如何加速农村劳动力转移的问题，经济学界提出几种观点。

4.3.1　大力发展乡镇企业

面对无比艰巨的农村劳动力转移任务，我国创建了一种"有中国特色的"方式进行处理，这就是发展乡镇企业。

发展乡镇企业就地转移农村剩余劳动力的模式是在我国特殊的社会经济条件下产生并发展起来的。首先，这是农民不得不选择的转移方式。在我国，长期实行的城乡隔离的政策，以及由此形成的城乡分割的二元经济社会结构，基本堵塞了农村剩余劳动力向城市转移的道路，将农民就业的区域限定在农村。农业剩余劳动力在不能向城市转移的前提下，只得就地"消化"，就地转移。其次，发展乡镇企业，"离土不离乡"，是农民易于接受的转移方式。从传统意识上说，土地是农民生存的最后保障，农民不愿轻易地放弃土地。具有较强兼业性的"离土不离乡"适应了农民的这种传统意识。另外这种转移的地域范围较小，转移方式简单，适应了农民素质偏低，缺乏专业技能的状况。而且家庭联产承包责任制后，土地使用权的流转机制当时还未建立，农业适度规模经营进展缓慢，土地产权关系处于相对稳定时期。发展乡镇企业具有兼业性的特点，不要求农民放弃土地的使用权，因而适应农村的土地产权关系。

改革开放以来，乡镇企业的发展为我国农村剩余劳动力转移和增加农民收入做出了突出贡献。从改革开放到 1996 年我国累计转移了 13108.5 万农村剩余劳动力，而以乡镇企业为主的"中国方式"就转移了 10577.5 万人[①]，占总转移人数的 80.69％。1992 年，我国乡镇企业工资总额达 1500 亿元，平均工资达 1411.7 元，大大提高了农民收入。

然而，自 1997 年以后，乡镇企业吸纳劳动力的能力却大大降低了，甚至在有些年份发生了回流现象。1996 年我国乡镇企业就业人数为 13508 万人，1997 年下降至 13050 万人，1998 年进一步下降至 12537 万人，1999 年以后虽然开始回升，但其增长一直非常缓慢。

乡镇企业的这种衰落吸引了很多学者进行研究，他们认为，一方面，由于我国地域辽阔，地区的情况有较大差异性，中西部地区的乡镇企业发展有劳动力优势、资源优势、地域优势，适宜发展农产品的深加工；另一方面，我国加入世贸组织后，对贸易环境的优化有利于我国乡镇企业的某些优势产品，特别是劳动密集型产品的出口。因此，乡镇企业吸纳农村剩余劳动力仍有较大的空间。而我们所要做的就是通过加快发展服务业和农产品加工业，培育新的经济增长点；加快乡镇企业技术改造，引导企业采取先进的技术和设备，促进农产品更新换代和产业结构优化升级，提高竞争力；发展多种所有制中小企业，保障其依法经营的权利，以此带动乡镇企业的再次腾飞，成为吸纳农村剩余劳动力的主体。

但实际上，这种依靠乡镇企业实现劳动力的大规模转移的设想是不现实的，乡镇企业的发展只能是城市化过程中的一个过渡阶段。这是因为，乡镇企业是依靠极低的工资与城市工业企业竞争的，其快速发展的原因就是因为城市不能吸纳过剩的农村劳动力，这与我国原有的计划管理体制（比如投资的集中管理以及严格的户籍制度阻止农民进城等）和 20 世纪 80 年代初期 80％的农村人口的特殊条件有关。

乡镇企业的这种低工资成本的扩张在工业化初期可以非常有效地扩大就业，日本和韩国在高速增长时期工资率一直保持在很低的水平上，这

---

① 牛岩峰. 中国发展报告：农业与发展[M]. 杭州：浙江人民出版社，2002：121.

使重化工业得以高速发展，我国乡镇企业的这种低工资发展对于城市中基础工业和高科技产业的发展起到了极大的作用，乡镇企业为城市提供了廉价的基本消费品，同时增加了农村的就业和提高了农民的收入，这在我国可能是其他的发展方式所难以达到的。

但是，在我国放宽了劳动力流动的各项管理规定以后，这种工资极低的企业形式的继续发展势必带来我国有效需求问题的进一步恶化。这一点只要分析一下乡镇企业的成本和产品需求就清楚了，乡镇企业的工资水平是低到了工人根本买不起他们所生产的产品的地步，自 20 世纪 90 年代以来，乡镇企业的工资相对于平均 15% 的 GDP 增长率来讲几乎就没有什么提高，原因是存在着源源不断的农村剩余劳动力流入产生的竞争可以压低工资，但他们生产的产品只能由城市居民购买，农村居民靠乡镇企业增加的收入所能提供的需求太小了，乡镇企业的低工资竞争还导致了城市工人的工资增长率下降，目前所遇到的基本消费品领域的需求严重不足显然与此有关或关系极大。自 1997 年以来，随着城市基本消费品需求的萎缩，乡镇企业的发展越来越依赖于出口，近年来乡镇企业的发展主要是 20% 以上出口的增长率带动的，而这种依靠低汇率的出口增长却是不能持续的，接近 50% 的 GDP 出口是我国产业结构严重失衡的结果，因为中国人更需要那些出口的基本消费品，而不需要进口的奢侈品和外汇储备，而一旦出口的增长率下降，必然造成乡镇企业产品需求的严重萎缩。

乡镇企业的低工资发展所遇到的另一个障碍就是农民收入水平的提高，虽然农民收入水平的提高可以增加乡镇企业产品的需求，但更会带来工资率的上升而使乡镇企业的成本提高，更多的农村人口将向城市转移，而不会永远接受乡镇企业极低的工资和工作、生活条件，只要我国的城市化速度加快，乡镇企业将难以维持低工资的生存条件，如在珠三角地区出现过的民工荒问题，原因并不是因为流入这一地区的农村劳动力减少，而是这一地区的城市化速度加快而使乡镇企业的工人"转业"了，即农民工更多地进入了城市的劳动服务业，虽然劳动服务业的工资率与乡镇企业差别不大，但工作条件和生活条件差别极大，乡镇企业的一个问题就是不能为工人提供安家立业的条件，那些农民工在乡镇企业就业只能是暂时的，这里当然不包括离土不离乡的当地乡镇企业，而当地乡镇企业是难以扩张的。

可见，乡镇企业的发展是以城市的不发展为基础的，目前乡镇企业的发展在收入和产业结构的流转上似乎又成为第二个"农村"的趋势，因此，必须加速城市化的发展来改变目前乡镇企业的发展方式。实际上，目前乡镇企业的发展已经开始向城市化的方向进展，珠三角地区和江浙一带乡镇企业的发展越来越依托由大城市辐射所形成的城市群，从而把农村逐渐改变为城市，这个趋势在东部沿海地区是明显的，乡镇企业高速发展的地区越来越集中在大城市和城市群周边地带，那么我们为什么不加快城市化的速度来更好地规范乡镇企业的发展呢？

4.3.2 发展小城镇

有些学者认为，我国应当进行城市化，但是这种城市化并不是"把农民送到城市中去"，而是应该在农村发展小城市，这是当前情况下走有中国特色的城市化道路的必然选择，符合我国的国情。其依据是：（1）发展大城市费用高昂，不如把工业化过程引入广大农村地区，以农村集镇为中心，发展小城镇。据统计，一些发达国家当年城市化的费用，就直接费用来说，有 2/3 的费用用于建筑，包括居住设施和其他基础设施的建设。城市化的费用不仅在于上述直接费用，而在于高昂的机会成本，这就是城市与农村收入差距的加大，政府的支出中忽视了农村等。由以上分析，有些学者得出如下结论：当工业化包括了把人口从农村转移到城市时，就比在已有人口定居的地方进行工业化代价要高昂，因此有必要到乡下办工业，在农村发展小城镇，而不是把农村居民送到城市。（2）城市人口规模达到一定程度时，规模经济就会成为规模不经济。首先，城市净移民造成了城市拥挤等外部的不经济。其次，城市移民增加了劳动力的供给，从而使劳动力的供给超过了对劳动力的需求，城市工人的工资率就会因此而下降。因此，大量农业剩余劳动力涌入城市，会产生诸如人口膨胀、交通拥挤、环境恶化、就业困难等"城市病"。所以通过发展小城镇，转变农村剩余劳动力是现实的选择。（3）小城镇是各种类型城市发展起初形态，是世界各国城市化起步的共同选择，并且 20 世纪 50 年代以后城市的发展出现了适度分散的趋势，形成城市外圈、发展走廊以及卫星城。（4）改革开放以来，尽管中国城市化进程滞后，但近年来小城镇数量扩张明显，在小城镇的建设方面积累了许多经验和教训，因势利导发展小城镇有一定的基础。（5）由于地缘关系紧密，小城镇可以降低遍地开花的乡镇企业聚集成本，降低农民进入城镇的心理成本，可以通过现有工业（乡镇企业）的布局调整，促进农村第三产业的发展，由此吸纳农村剩余劳动力，缓解农村人多地少的矛盾，进而促进农业规模效益的提高和农民收入的增长。（6）走小城镇的道路可以缓解大中城市人口膨胀的压力，缓解当前城市下岗再就业的压力，从而使大量的农民迅速非农化，较快地进入低水平的城市化阶段，而后再逐步提高城市化水平。（7）小城镇可以更好地连接城乡两个市场，使之成为连接城市和乡村的纽带，为最终实现城乡一体化创造条件。（8）可以通过小城镇建设，调动农民的住宅建设投资，扩大内需。

　　这种依靠发展小城镇转移我国农村劳动力的观点看似非常合理，但是忽略了发展中国家发展的实质问题。在前面的分析中我们指出，市场经济的本质就是一种货币经济，而发展中国家发展的实质就是实现这种市场化、货币化，但是在小城镇发展金融是困难的。例如，目前我国的商业银行分行都设在省一级的城市以及发达地区的地级城市，在许多地级市和县城中只有四大国有商业银行设立的支行，很少有股份制银行设立的支行，这些支行贷款的审批权只有几百万，而在经济发达的大城市中，如广州、深圳、苏州、宁波等地，每家银行不仅都设有分行，而且都有几家甚至几十家支行，这些支行有很大的贷款审批权。如前所述，金融发展与经济发展是相互促进的。因此，商业银行的发展方向必然是在大城市和经济发达的地区，政府不可能规划商业银行的发展趋向，因为商业银行是以营利为目的的，包括国有四大商业银行的发展也越来越趋向大城市，由金融发展带动的经济发展必然使人才和劳动力流入大城市。

　　我国自 20 世纪 80 年代制定发展中小城镇的发展战略以来，一直在协调地区和城市间发展的不平衡，但结果依然是大城市特别是东南沿海地区的大城市发展最快，广州、深圳一带的珠三角地区、苏锡常（苏州、无锡、常州）一带的长三角地区和浙江沿海一带的城市发展是最快的，未来我国城市的发展也必然是在东南沿海一带，特别是在乡镇企业发达的地区，这种趋势是很难改变的。①因此，目前城市化的发展战略也应该加速发展这些地区的大城市和形成城市群以规范乡镇企业的发展。目前像上海、广州、深圳这些大城市的高速发展并没有出现太大的问题，因此，我们不必为大城市的扩张过分担忧，研究和制定大城市、城市群乃至特大城市的发展规

---

　　① 上述分析涉及目前我国的地区发展战略，如西北大开发和振兴东北老工业基地，地区发展战略是否可以向这些地区的大城市倾斜，如西部和东北的省会城市，因为区域太大无法与金融的发展相协调，从而无法带动私人投资，西北大开发存在的一个问题就是与大规模的投资相比带动的需求太小。

划势在必行，因为一旦经济增长率提高，必然会有更多的人口涌入这些城市和地区。

4.3.3 加速工业化进程

在第二章中，我们已经分析了刘易斯和费景汉、拉尼斯的劳动力转移模型，按照他们的观点，农业劳动力之所以向外转移，就是因为工业的劳动生产率大于农业劳动生产率，而当两者相等时，劳动力的转移就结束了。因此，只要集中精力发展工业化，积累足够资本，不断扩大城市工业生产，就可以源源不断地吸收农村剩余劳动力，达到工业、农业，乡村、城市劳动力转换与转移的均衡。

此后，霍利斯·钱纳里和莫尔塞斯·塞尔昆研究了 90 个国家和地区工业化和城市化之间的关系，得出结论：随着人均收入水平的上升，工业化的演进导致产业结构的转变，带动了农业劳动力向外转移，促使城市化程度的提高，如表 4.3 所示。

表 4.3 工业化与农村劳动力转移

人均 GNP（美元）	生产结构中工业的比重（%）	劳动力分布中初级产业的比重（%）	城市人口比重（%）
100 以下	12.5	71.2	12.8
100	14.9	65.8	22.0
200	21.5	55.7	36.2
300	25.1	48.9	43.9
400	27.6	43.8	49.0
500	29.4	39.5	52.7
800	33.1	30.0	60.1
1000	34.7	25.2	63.4
1000 以上	37.9	15.9	65.8

注：这里的初级产业可看作农业。

资料来源：霍利斯·钱纳里，莫尔塞斯·塞尔昆. 发展的格局[M]. 北京：中国财政经济出版社，1989：22—23.

另外，还有很多学者提出，工业化造成了社会生产力的大发展，进而产生了对劳动力的巨大吸纳能力。一方面，工业的蓬勃发展为农业实现现代化，提高劳动生产率提供了物质技术前提，对农村剩余劳动力转移产生了推动作用；另一方面，工业的广泛扩散以及工业内新部门、新行业、新产品的不断出现，对劳动力提出大量要求，工业就业对农村劳动者产生了吸引力。这一点可以从其他国家发展的经验中得出。比如，英国由于纺织工业的变革以及世界市场的开辟，使得纺织品供不应求，羊毛的需求量大增，于是领主们开始了大规模的"圈地运动"，使农民脱离土地成为只有劳动力的自由人。而同时由于工业革命的进行，纺织技术的提高，城市机器大工业的发展，以及贸易、服务业的发展，大大拓展了城市的劳动力吸纳空间，为农村人口的顺利转移准备了充足的就业岗位，加快了农业劳动力转移的步伐。又比如，日本明治维新前，农业劳动力占到全部劳动力的80%。但明治维新后，日本出现了创办企业的高潮，到1920年，第一产业从业人员已经降到54.6%，1955－1974年20年间，日本平均每年有近40万劳动力从农业部门流向非农业部门。

　　基于以上理论和实践经验，很多经济学家提出，正是工业化直接推动了农村人口向城镇的集中，向工业靠拢，因此要加快发展中国家农村剩余劳动力的转移就必须加快工业化进程，以工业化来带动城市化。

　　但是，仔细研究就会发现，所谓加快工业化，通常意义上就是增加GDP中的工业比重，从另外的角度上讲就是增加工业品的供给，但这必须有一个前提，即要有市场的需求才有可能。如前所述，我国和大多数发展中国家当今面临的核心问题是有效需求不足，工业品供给能力过剩，一些企业开工不足，产品大量积压，设备大量闲置。也就是说，现在的问题不是工业不具备生产能力，而是市场有效需求不足，是广大消费者不能用收入购买自己生产出来的商品。在这种情况下，继续盲目加大工业化，增加产品供给，只能使产品积压增多，企业利润无法实现，从而使有效需求问题更加严重，不可能解决农村剩余劳动力的转移问题。

4.3.4　大力发展第三产业

　　认为应该依靠大力发展第三产业加速农村剩余劳动力的经济学家大多是从就业弹性的角度来考虑的。

　　一般来说，我们将就业增长率与经济增长率之间的比率定义为就业弹性，它反映经济增长每变化一个百分点所对应的就业数量变化的百分比。2013年我国总体就业弹性仅为0.006，也就是说，GDP增长　个百分点只能带动0.006个百分点的就业增长，大约是4－5万人（发展中国家的平均就业弹性大约是 0.3—0.4)。按照这样的就业弹性，即使名义 GDP 增长率达到 15%，也只能吸纳将近 70 万人，这显然与加快劳动力转移的目标不相适应。

我们分别用三次产业的就业增长率除以该产业的产值增长率表示该产业的就业弹性，它反映的是该产业产值每变化一个百分点所对应的就业数量变化的百分比。表 4.4 反映了我国三次产业就业弹性变动的趋势，从中可以明显看出第三产业的就业弹性要比第一产业和第二产业高很多。从 2013—2020 年，第三产业平均就业弹性为 0.3，也就是说，第三产业产值每增长一个百分点就能够带动 0.3 个百分点的就业增长，这大大高于其他两个产业。因此，第三产业对于农村剩余劳动力的吸纳能力要远远高于第二产业。

表 4.4　2013—2020 年我国三次产业就业弹性比较

年份	产值增长率			就业增长率			就业弹性		
	第一产业	第二产业	第三产业	第一产业	第二产业	第三产业	第一产业	第二产业	第三产业
2013	8.03%	7.08%	13.53%	-6.65%	-0.36%	6.65%	-0.83	-0.05	0.49
2014	4.90%	5.85%	11.75%	-6.15%	-0.37%	5.45%	-1.26	-0.06	0.46
2015	3.86%	1.46%	12.58%	-4.26%	-1.79%	4.33%	-1.10	-1.22	0.34
2016	4.09%	5.01%	11.75%	-2.38%	-1.54%	2.43%	-0.58	-0.31	0.21
2017	3.26%	12.24%	12.16%	-2.93%	-2.39%	2.90%	-0.90	-0.20	0.24
2018	4.26%	10.03%	11.71%	-3.84%	-1.87%	2.68%	-0.90	-0.19	0.23
2019	8.85%	4.34%	9.33%	-4.42%	-0.57%	1.86%	-0.50	0.13	0.20
2020	10.33%	0.94%	3.48%	-5.02%	1.46%	0.69%	-0.49	1.55	0.20

另外，从国外的实践经验来看，在第二次世界大战结束后至 20 世纪 70 年代初期的 20 多年间，第三次科技革命蓬勃发展，工业和第三产业大力扩张。例如从 1950—1970 年，美国建筑业就业人数增加 51.8%，制造业增加 27%，批发和零售商业增加 60.2%，服务业增加 116%。其他国家也有类似的趋势。正是在这个时期，发达资本主义国家农业部门的大批劳动力转入了非农部门，其中美国和法国农业就业人口转移了 50%，意大利、丹麦转移了 56%，农业就业人口比重本来较低的英国也转移了 30%。

因此，很多经济学家得出结论，认为发展中国家应把大力发展第三产业作为扩大就业、加速农村剩余劳动力转移的战略性选择和"主攻方向"，协调好发展建筑业、传统服务业和新型服务业的关系，使之成为农村剩余劳动力转移的主要渠道。

但是，我们不能把第三产业作为一个部门来分析，因为第三产业中的劳动服务业的工资率是除农业外最低的，而就业人数却占第三产业的绝大比重；金融保险业、科学研究和综合技术服务业、教育、文化艺术及广播电影电视业、广告业和邮电通信业的工资率在我国都是最高的，而这些行业就业人数在第三产业中的比重很低。从第三产业增加值构成来看，这些行业产值的增长率却极高。因此，需要把第三产业分为两部分，一部分是工资率极高的金融保险、影视广告和娱乐、体育等行业，另一部分则是工资率极低的餐饮服务业。

从有效需求的角度看，第三产业中的金融保险等行业是高收入阶层的需求带动的，并产生更高的收入，这些收入只在高收入阶层中循环而不会增加就业。对于服务业的发展是不是起到增加就业的作用呢？答案是肯定的，特别是它可以解燃眉之急。但这种服务业是否真的就是劳动密集型行业和能够改善目前我国有效需求不足的状况是值得商榷的。显然，目前对于我国的工人和农民来讲，他们更需要的是消费品而不是服务，目前占第三产业绝大比重的餐饮服务业并不是劳动密集型行业，而是低工资行业，而且许多是为高收入阶层服务的。虽然按照马尔萨斯的有效需求模型，服务业可以通过转移高收入阶层的收入增加需求，但这是以高收入阶层有更高的收入为前提的，而高收入阶层收入的增加只能来自低收入阶层收入的减少或工资率下降与失业，因此，劳动服务业虽然是最劳动密集型的行业，但是发展劳动服务业从总体上并不能增加就业，不能增加有效需求。很明显，第三产业的快速发展并没有解决我国的有效需求不足问题，相反，它的发展使居民收入分配差距进一步拉大，从而使有效需求问题更加严重。因此，加速农村剩余劳动力的转移绝对不能盲目发展第三产业。

4.3.5　保持较高经济增长速度的同时调整产业结构

在第一章的理论分析中，我们提出了"货币量值的生产函数"来说明名义 GDP 增长率与就业之间的关系，即：

$$Y = GDP = \alpha K + wL$$

其中，α 为系数，表示折旧和利息成本在资本存量中的比率，K 为资本存量，w 为工资率，L 为劳动力数量。

现在我们假定劳动者报酬在整个 GDP 中所占的比重为 β，则：

$$\frac{wL}{\text{GDP}} = \beta \qquad (4.1)$$

$$wL = \beta\text{GDP}$$

$$\ln w + \ln L = \ln \beta + \ln \text{GDP}$$

$$\ln L = \ln \text{GDP} + \ln \beta - \ln w \qquad (4.2)$$

式（4.2）表明影响就业量大小的主要因素包括：国民生产总值、劳动者报酬在整个 GDP 中所占的比重和工资率。假设工资总量在 GDP 中的比重不变，工资率不变，则就业量取决于名义 GDP 的增长率，名义 GDP 增长率与就业的关系对于发展中国家货币化过程中农村劳动力的转移是极为重要的。

我们借助日本和亚洲国家与地区高速增长时期的经验数据来说明这一问题。日本是发达国家中农业劳动力转移速度最快的国家。二战后，日本进入了工业化时期，也进入了农业劳动力的快速转移阶段。1950－1975年是日本农业劳动力转移最快的 25 年。在这 25 年中，农业劳动力的比重从 46.98%降为 13.83%，下降了 33.16%，年均递减 1.77%。可以说这 25 年是日本农业劳动力转移的辉煌时期，也是日本经济增长最快的时期。1950到 1975 年，日本的国民生产总值从 3.94 万亿日元增加到 148 万亿日元，增长了 37 倍，年均增长率 24.55%，最高的一年达到 40.31%。1975 年以后，日本名义 GDP 增长速度减慢的同时，农业劳动力转移的速度也减慢了，如图 4.3 所示。

韩国也是二战后农业劳动力转移速度最快的国家之一，1965－1980 年是其历史上农业劳动力转移最快的一段时期。在这 15 年中，韩国的经济一直保持较快的增长，GDP 从 7980 亿元增长到 380000 亿元，增长了 47.6倍，年均增长 27.31%，增长速度最快的一年几乎达到了 40%，正是这么高的经济增长速度，使得韩国的农业剩余劳力在这 15 年中得以迅速转移，第一产业就业比重从 1965 年的 58.46％下降到 1980 年的 34.01％，年均下降1.73％，如图 4.4 所示。

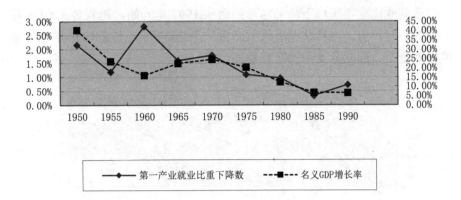

资料来源："第一产业就业比重"根据冈部守，章政，等. 日本农业概论[M]. 北京：中国农业出版社，2004：86 表计算整理；"年均 GDP 增长率"根据 B.R.米切尔. 帕尔格雷夫世界历史统计：亚洲、非洲和大洋州卷（1750－1993）：第四版[M]. 贺力平译. 北京：经济科学出版社，2002：1059 表计算整理。

图 4.3　1950－1980 年日本第一产业就业比重与名义 GDP 增长率

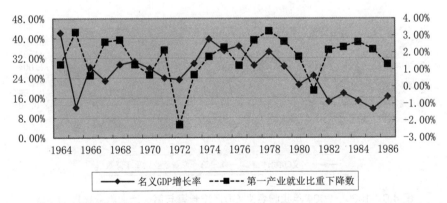

资料来源："第一产业就业比重"根据 Korea National Statistical Office. http://kosis.nso.go.kr/cgi-bin/sws_888.cgi 表计算整理；"年均 GDP 增长率"根据 B.R.米切尔. 帕尔格雷夫世界历史统计：亚洲、非洲和大洋州卷（1750－1993）：第四版[M]. 贺力平译. 北京：经济科学出版社，2002：1059 表计算整理。

图 4.4　1964－1986 年韩国第一产业就业比重与名义 GDP 增长率

这些数据表明，就业量的增长或农村劳动力的转移与名义 GDP 的增长正相关，这种正相关关系在我国也是非常明显的，如图 4.5 和图 4.6 所示。从 1992－1996 年，我国经济的高增长时期，平均年增长率达到 25.88％，在这段时间内农业人口的转移速度也较快，年均转移劳动力 1428 万人，第一产业就业比重年平均下降 1.84%；而从 1997 年开始，随着名义 GDP 增长率的下降，劳动力转移速度大大减慢；至 2003 年，名义 GDP 的增长速度转而上升，因此劳动力的转移也加快了。

资料来源：农业部. 中国农村人口变动与土地制度改革研究课题组，2001 年。转引自蔡昉，都阳，王美艳. 劳动力流动的政治经济学[M]. 上海：上海人民出版社，2003：268。

图 4.5　1983—2000 年我国劳动力转移与名义 GDP 增长速度

图 4.6　1990—2004 年我国名义 GDP 增长率与第一产业就业比重的下降

我们用 1993—2003 年我国二三产业合计就业量、名义 GDP、劳动者报酬以及平均货币工资数据（详见表 4.5）对式（4.2）做回归分析，结果为：

$$LnL = 8.362609 + 0.268095 \ln GDP + 0.350290 \ln \beta - 0.079229 \ln w \quad (4.3)$$

$$(37.07) \quad (10.65) \quad\quad (3.75) \quad\quad\quad (-4.89)$$

$$R^2 = 0.998221 \quad\quad F = 1309.332$$

上述估计结果的回归系数及方程均通过了统计检验，样本可决系数 R^2 = 0.998221，说明总离差平方和的 99.82% 被样本回归解释，仅仅有 0.18%

未被解释，拟和度很好。该估计结果表明，GDP 每增长 1%，二三产业合计就业量就会增长大约 0.27%，换句话说，农村剩余劳动力的转移数量就会增加 0.27%。可见，要加速农村剩余劳动力转移，需要采取扩张性政策加速 GDP 的增长。

但是，仅靠扩张性经济政策来加速农村剩余劳动力的转移是不够的，经济总量快速增长固然是劳动力快速转移的前提和必要条件，但不是充分条件。如前所述，1998 年后我国采取扩张性财政政策和货币政策，不仅没有解决有效需求不足的问题，反而使问题更加严重，农村剩余劳动力转移到的速度也降下来了。这是因为劳动力从第一产业转移到其他产业的同时，要求其他产业吸收这些劳动力，而 1998 年后我国产业结构的发展是不利于劳动力转移的，这导致经济的大幅波动。因此，为了加快劳动力的转移，我国应该在采取扩张性政策加速 GDP 增长的同时调整城市产业结构以防止经济波动。

在市场经济条件下，产业结构的变动必然依赖于需求结构的变动，需求结构则取决于收入分配，而反过来，收入分配又取决于产业结构的变动，由此形成收入分配和产业结构相互依赖的循环。如上一章所述，由于我国近年来收入分配结构扭曲导致产业结构畸形化发展，这种"奢侈品"行业的大规模发展和"基本消费品"行业的萎缩，只能导致收入分配结构更加扭曲，根本不利于解决我国现今严重的有效需求不足问题。

为了能够更好地表明当前我国经济中的结构问题，我们从投资和收入支出流向、就业等方面考虑，重新把国民经济进行部门分类。这种分类不同于现在主流的按三次产业的分类，因为按照三次产业进行分类不利于说明收入分配和就业问题。比如，如前所述，目前第三产业中具有最高工资的金融保险业与工资最低的服务业混在一起，这显然是不合理的。

根据我们所要讨论的问题，可以考虑把我国经济划分为五个部门：（1）以第一产业为基础的"农业部门"；（2）以基础工业为代表的"生产资料部门"，这个部门的特征是"资本密集型"的；（3）以生产基本消费品为基础的"基本消费品部门"，它与生产资料部门相比有较低的资本劳动比率或是"劳动密集型"的；（4）生产"奢侈品"的"高档消费品部门"，它包括房地产和一些新兴的高技术产业以及第三产业中除劳动服务业外的行业，如金融保险和影视业等，其特点是"资本密集型"和同时具有高工资的行业；（5）"劳动服务业部门"，即第三产业中的服务业，其特点是具有更低的"资本劳动比率"和更低的工资率。在上述五个部门的划分中,农业部门与目前统计中的第一产业基本是一致的;劳动服务业部门可以比较容易地从第三产业中划分出来;生产资料部门是第二产业的一部分,可以通过行业来划分;基本消费品部门和高档消费品部门的划分涉及第二和第三产业的重合,需要根据行业的特点重新组合。

在这里,我们首先要重新阐述"劳动密集型"和"资本密集型"的含义。劳动密集型和资本密集型所表示的只是价值概念而与技术无关,其含义是在企业的总成本构成中劳动成本(即工资)与资本成本(即折旧与利息)的比重孰高孰低。

为了与五个部门的结构相对应,我们采用重工业与轻工业的划分方法把第二产业分成两部分。1998 年以来,我国重工业在工业总产值中的比重平均在 60%,2003 年和 2004 年,重工业增长率分别达到 36.12% 和 35.73%,由于房地产、建筑业和汽车工业包括在重工业中,因此,重工业实际上包含一部分高档消费品部门的行业;第二产业中的轻工业与我们前面定义的五个部门中的基本消费品部门是大致对应的,只要把目前定义的高科技行业从轻工业中分离出来就可以了。目前我国轻工业在工业总产值中的比重仅为 40% 左右,且发展相对较慢,发展最快的 2003 年和 2004 年,增长率仅为 16.47% 和 24.07%。基本消费品部门(轻工业)基本上是劳动密集型行业,吸纳劳动力较多。基本消费品部门比重的下降意味着就业的减少,这可以解释自 1997 年以来第二产业就业比重的下降。高科技产业是我国 1997年以来发展最快的产业,增长率远高于其他产业,其特点是资本密集型和高工资率,吸收的就业量却很少,我们把高科技产业划分到高档消费品部门。

如前所述,对于第三产业,我们需要把第三产业中的劳动服务业分离出来,除劳动服务业外的部分归类于高档消费品部门。这样,我们就可以对统计数据重新解释,第三产业产值的增长主要来自除劳动服务业外的高档消费品部门,而就业的增加则主要是劳动服务业部门,特别是 1997 年之后,劳动服务业的就业人数增长在所有 5 个部门中是最快的。当我们把劳动服务业从第三产业中分离出来就会发现,虽然我国第三产业的比重与发达国家相比并不高,但劳动服务业的就业比重却很高,如果考虑到劳动服务业全部集中在城市,即只是为 40% 的城市人口服务的,则这个比重就太高了。

采用上述五个部门的分类和大致与其对应的统计数据，可以与前面的收入分配变动的分析直接联系起来。自 1998 年以来，政府财政投资的带动使生产资料部门的比重上升，收入分配差距的拉大导致高档消费品部门的急剧发展，同时，高收入阶层消费的增加带动了劳动服务业部门的发展和就业的增加，而基本消费品部门则在萎缩；反过来，这种产业结构的变动又可以解释收入分配的变动，占就业量80%以上的农业部门、劳动服务业部门和基本消费品部门产值在 GDP 中的比重持续下降，人均产值远远低于高档消费品部门和生产资料部门，这种严重的结构失衡产生于 1998 年以来的收入分配和产业结构的恶性循环，资产值越来越高，收入分配越来越向高收入阶层倾斜，而且这种恶性循环近年来急剧加速。

从上述对收入分配和产业结构变动的分析中，可以更好地解释就业弹性的下降。一方面，就业弹性的下降产生于工资总量在 GDP 中的比重下降，这是因为 1998 年以来资本密集型的高档消费品部门和生产资料部门快速增长；另一方面，在工资总量下降的同时，快速增长的高档消费品部门的工资率急剧上升，能够大量吸收劳动力的基本消费品部门持续萎缩。劳动服务业部门实际上起到了接收失业职工的作用，否则失业率会大幅度上升，但是，劳动服务业部门就业的增长是以工资总量的下降为代价的，同时，劳动服务业中为高收入阶层服务部分的发展必须以收入分配差距的扩大为前提，因此，劳动服务业就业的增加在长期将会进一步增加失业，这是一种恶性循环。

图 4.7 显示出我国 2013－2020 年部分行业的平均工资增长率与 2020 年劳动力－工资比，表明占就业量高的行业工资的增长率远慢于就业量低的行业。同时，工资率上涨不均衡还导致各行业劳动力－工资比差距拉大。我们用某一行业的就业人数除以此行业工资总额来表示该行业的劳动力－工资比，它反映的是支付一定的工资所能雇佣劳动者的数量。从图 4.7 中可以看到，我国近年来工资率相对较低且增长较慢的行业所能解决的就业人数要远远多于工资率相对较高且增长较快的行业。同时，工资率相对较低且增长较慢的行业往往是基本消费品部门，而工资率相对较高且增长较快的行业则是高档消费品部门。

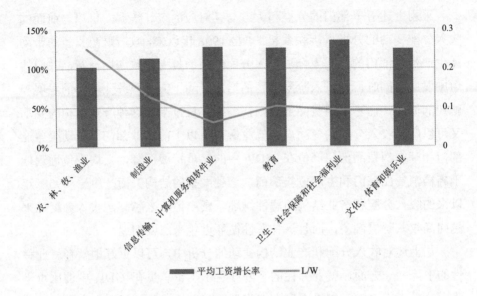

图 4.7　我国部分行业的 1990－2002 年平均工资增长率及 2002 年劳动力－工资比

　　从上述分析可以得出，目前我国产业结构的调整方向应该是扩大基本消费品部门和生产资料部门，以吸收农业部门的剩余劳动力，这就需要把生产资料部门过高的资产值减下来以吸收更多的劳动力。高档消费品部门当然是应该发展的部门，但目前必须使其资本劳动比率下降和工资率下降，使其逐渐变成基本消费品部门。劳动服务业部门的发展只是没有办法的办法，但决不能因为它能够增加就业就作为发展的方向。

第五章　发展中国家经济发展的根本途径
——金融深化

　　按照我们前面的分析，当今发展中国家经济发展最核心和最迫切的问题在于有效需求不足，有效需求不足来源于企业成本结构和收入分配结构的扭曲，即产生过高的资本存量价值和收入分配中非工资收入的比重过高。由于发展中国家市场经济尚不成熟，无法忍受企业大规模破产所带来的经济衰退，因此在发展中国家解决有效需求问题的根本途径在于提高工资收入的比重。在大多数发展中国家，农民是所有劳动者中收入最低且人数最多的，因此，提高农民收入可以说是解决有效需求问题的最有效途径。而农民收入的提高，应主要依靠农村剩余劳动力快速向外转移，这要求国家在采取扩张性政策提高经济增长率的同时调节产业结构，减少经济波动。正如第二章所述，市场经济的本质是货币经济，经济增长率的高低是和特定的货币金融体系和其稳定状态相联系的。由此可见，当今发展中国家经济发展的根本途径在于建立一个适当的稳定的金融体系。

第一节　内生的货币供给模型

　　在第三章中，我们对内生的货币供给做了简单的阐述，在这里，我们更为详尽地讨论内生货币供给模型及其稳定性。

5.1.1　一个简化的内生货币供给模型[①]

5.1.1.1　基本模型

基本模型由家庭、企业、银行和股票市场构成。为了简化，这里先不考虑政府部门和中央银行的存在。首先，我们在第三章的收入－支出模型中加入家庭的资产选择和货币金融体系，重新给出基本模型：

[①]　柳欣. 资本理论——有效需求与货币理论[M]. 北京：人民出版社，2003：81－98.

$$\text{GDP} = W + d + r + \pi = C + S = C + I$$

在这一模型中，为了简化，先不考虑折旧，可以把收入全部作为家庭的收入。在家庭收入中，储蓄转化为企业的投资是通过货币金融市场进行的。这里把金融市场划分为两部分，商业银行和股票市场（或资本市场）。全部资本存量（K）为银行贷款（DD）加股票价值（E），即：

$$K = DD + E \qquad\qquad (5.1)$$

这样，前面公式中的 GDP 就表示家庭的总收入（其中，可以把折旧 d 作为企业保留的收入），W 表示工资收入，r 为银行存款的利息收入，π为股票收入。给出银行存款利率 i 和股票的收益率 iE，则家庭的利息和股息收入取决于各种资产存量总值和它们的收益率（即 r=DDi，π=EiE）。全部收入划分为两部分，消费（C）和储蓄（S）。在这里，我们加入消费函数的假设，为了简化，这里假设全部工资收入用于消费，非工资收入即利息和股息用于储蓄（即 W=C，r+π=S）。对应于资产，全部储蓄划分为银行存款（ΔD）和购买的股票（ΔE）（即 S=ΔD+ΔE）。对于购买股票，这里假设不存在股票的二级市场，家庭所购买的股票将全部转化为企业的投资。

与家庭储蓄的划分相对应，资本货币金融市场由两部分构成，商业银行和股票市场，商业银行的存款等于 D，股票总值为 E。假设商业银行的准备金率为 R，则贷款为 D(1-R)，企业的资产负债率为 D(1-R)/(E+DD)。显然，企业的资产负债率与家庭的资产选择直接对应。这里先不考虑家庭的资产选择是如何决定的，而是在上述简化的模型中表明货币供应量和与之相应的名义增长率的决定。

假定最初家庭有一笔储蓄，分为两部分：一部分存入银行，另一部分购买企业股票，企业以发行股票筹集的自有资本作为抵押向银行申请贷款。银行作为信用中介，从家庭吸收存款，向企业发放贷款。企业和家庭之间的联系有两条途径：在股票市场上，家庭购买企业股票，企业向其支付股息；在劳动市场上，企业雇佣家庭的劳动者并向其支付工资。

现在假设企业看中一项有利可图的投资项目。它首先在股票市场上发行一笔股票，筹得资金 E。然后以自有资本 E 为抵押向银行申请贷款。银行根据 E，按照它认为合适的比例向企业发放贷款，设银行存款为 D，准备金率为 R，向企业发放的贷款为 D（1-R）。设 a 为贷款对股票价值或企业自有资本的比率，即 $a = \dfrac{D(1-R)}{E}$。这里还可以得到企业的资产负债率

β=$\dfrac{D(1-R)}{E+D(1-R)}$ ，a、β 之间的关系为 β=$\dfrac{\alpha}{1+\alpha}$ 。自有资本 E 和银行贷款 D (1-R) 形成企业的资本存量，其增量（ΔDD+ΔE）为企业的投资（I），用于购买固定资产、资本品及雇佣工人进行生产。生产周期结束后形成一笔价值量，其构成为工资（W）、固定资产折旧（d）、利息成本（R）和利润（π）。设利润全部形成股息收入，并且忽略银行存、贷款利率差额，则 W、r、π 全部形成家庭收入。设工资全部用于消费，利息和股息用于储蓄，则 S= r+π。家庭把储蓄按一定比例分为两部分：一部分存入银行，形成存款增量 ΔD；另一部分用于购买企业股票，形成企业自有资本增量 ΔE。现在银行存款总额为 D+ΔD，企业自有资本总额为 E+ΔE。假设企业想继续投资，那么，它可以再次用其自有资本 E+ΔE 申请银行贷款，从而进入下一个生产周期循环。如图 5.1 所示。

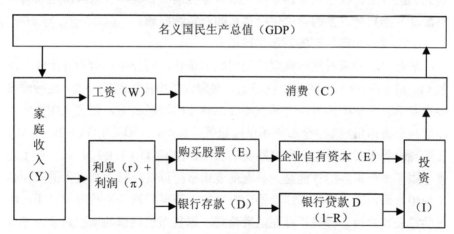

图 5.1　简化的内生货币供给模型货币循环图

以上，我们建立了一个内生的货币供给模型，或者说是以内生的货币供给的货币金融体系为基础的宏观经济模型。这一模型与主流经济学模型的区别是：第一，在这一模型中加入了企业的成本收益计算和内生的货币供给，由此构成纯粹的货币经济模型，即在这一模型中，商业银行和企业只考虑名义变量，而与技术是完全无关的；第二，企业的成本收益计算或国民收入核算体系与货币金融体系是不可分割的。

这样，我们可以把前面对企业的成本收益计算的分析与货币金融体系的分析连在一起，而目前宏观经济学所认为的作为实际变量的国民收入流量只是整个货币金融体系的一部分,可以把它们完全作为货币量值来处理。例如,在这一模型中,资本只是银行信贷的资产抵押,储蓄只是向商业银行提供的可贷资金,消费和投资将构成企业的营业收入,等等。这些宏观变量的意义就在于企业的成本收益计算和银行或货币金融体系的稳定性。

上述模型可以表示出与主流经济学完全不同的性质,其基本特征是可以表明所有宏观变量的决定与技术完全无关,而是内生于特定的货币金融体系,所有国民收入核算体系中以货币量值所表示的宏观变量只是企业、银行和家庭的货币流程图,其内在联系在于资本主义的经济关系,即家庭(资本家)的货币储蓄是为了获取以货币表示的财富增殖,企业的成本收益计算是为了获取以货币表示的利润,而联系企业贷款和家庭存款的商业银行以资产抵押为基础决定货币供给,由此形成一种内生的货币供给体系。因此,所有国民收入核算体系中货币量值的决定和变动(或经济增长与经济波动)都只是内生的货币供给体系的稳定性问题。

5.1.1.2　稳定状态的货币供给增长

现在,我们来看这一模型的稳定状态条件。假设全部货币等于收入流量(即 $M=W+r+\pi=C+S=C+I$),并假设货币流通速度不变,这种假设暗含着不存在货币的资产交易或不存在货币的投机需求,则名义国民收入将取决于货币供应量。全部货币供应量等于总产出,即 $C+D(1-R)+\Delta E$,投资支出等于银行贷款加家庭购买的股票,即 $I=D(1-R)+\Delta E$。在上述模型中,一个重要的性能是,只有商业银行可以发行货币和收入的交易必须使用货币,当货币流通速度不变时,收入流量的增长率将等于货币供应量的增长率。由于假设不存在消费信贷,则货币供应量的增加只能通过企业贷款和投资的变动进行。

在上述模型中,我们可以得到决定货币供应量、名义增长率的决定因素。货币供应量的变动取决于最初的银行存款数量(D)和储蓄中银行存款与股票的比例($\Delta D/\Delta E$)以及商业银行准备金比率(R)。

在上述模型中,货币供给完全是内生的。企业的投资需求是货币需求的唯一内容,银行向企业提供的贷款是货币注入经济的唯一形式。银行根据企业抵押资产的价值决定贷款,从而确定货币供应量。模型中影响货币供应量的主要是几个比例关系:家庭储蓄中银行存款与股票价值的比例(最初为 D/E,进入循环后为 $\Delta D/\Delta E$,设 $D/E=\Delta D/\Delta E=k$);贷款额与股票价值的比例 a 以及银行的准备金—存款比率 R。只要没有外部冲击且 k、R、 a 三个比例保持不变，模型就处于一种稳定状态，银行存款以稳定的比例增长，企业的股票价值、抵押资产的价值以稳定比例增长，银行贷款以稳定的比例增长，从而货币供给以稳定的比例增长，保持投资和生产的稳定循环。

现在我们讨论 k、R、a 三个因素的变动对货币供给的影响。先来看 k，它取决于家庭的资产选择。与稳定状态相比，假设现在家庭把更多的储蓄采取银行存款的形式，即存款与股票价值的比例 k 上升。这会造成两个结果：一方面银行的可贷资金增多，另一方面企业股票价值的增长率下降。也就是说，企业抵押资产的价值的增长率下降，如果假设 a 不变，银行将减少对企业的贷款，从而货币供应量的增长率下降。

再来看 R 的变化。假设银行为提高流动性决定上调准备金－存款比率 R。这样做的结果是银行的可贷资金减少，由于企业的抵押资产价值及银行认为根据抵押品价值可发放的贷款的合适比例 a 没变，这时对于银行来说，出现需求大于供给的局面。这里暂不考虑利率的变动对供求的调整，假设银行只是根据可贷资金的多少决定贷款额，那么 R 的提高将使可贷资金减少，从而货币供应量的增长率下降。

最后考察 a 的变动。假设银行根据自身对经济、金融状态的判断决定既定数额的贷款需要有更多的资产作抵押，即 a 下降，这样，由于企业股票价值的增长率不变，从而抵押资产的价值的增长率不变，a 下降使企业从银行获得的贷款额的增长率下降，也就是货币供应量的增长率下降。

以上讨论说明：k 上升、R 上升、a 下降将分别导致货币供给的增长率下降。从中可以推论出，k 下降、R 下降、a 上升将使货币供给的增长率上升。需要说明的是，上述分析中当 k 和 R 的变动引起银行的可贷资金和贷款需求失衡时，我们假设货币供给分别依照贷款需求和可贷资金的变动方向而变动，这是为了分析的方便。

在这里，货币供给完全是内生的。在第三章，我们指出货币金融体系的稳定是基于资产抵押，要求稳定的资产负债率，由于货币数量联系到收入流量，因而稳定的资产负债率必然导致稳定的货币供应量的增长率和稳定的资本产出比率（资本收入比率）。

这样，在上述模型中，货币部门的稳定状态或货币供应量的稳定增长条件就可以表述为，银行存款对股票的比率不变和家庭储蓄中银行存款对购买股票的比例不变，即：

$$\frac{\Delta D}{D} = \frac{\Delta E}{E} \tag{5.2}$$

这一条件暗含着企业的资产负债率和商业银行的存款准备率是不变的，资本存量对收入流量的比率也是不变的。

在上述稳定状态增长条件下，可以得到货币金融体系稳定的重要条件，即企业的资产负债率是不变的。换句话说，就是商业银行的货币供给与可抵押资产价值的增长是同比例的，即资本与货币是同比例增长的，这是模型中最重要的关系。这种货币与资本的同比例增长与前面所讨论的有效需求的比例关系共同构成这一模型稳定性的基础。

在上述模型中，由于假设货币流通速度不变和全部货币都用于收入流量的交易，则收入流量的增长率（或名义增长率）与货币供应量的增长率是一一对应的。这样，我们可以从决定货币供应量的变动因素来讨论经济增长率的变动，而上述模型的基本特征是内生的货币供给，从而可以表明名义经济增长率的变动将是内生的。虽然上述模型是非常简化的，但借助这种简化的模型可以表明一些极为重要的命题。

（1）在上述模型中，不考虑商业银行的资产抵押，则决定货币供应量变动的只有两个因素，商业银行的准备金率和储蓄在银行存款与购买股票之间划分的比例。由此可以得到这样一个命题，经济增长率的变动必然联系到商业银行准备金率的变动或银行存款对股票价值比率的变动，假设商业银行的准备金率不变，则经济增长率的变动来自家庭储蓄在银行存款与购买股票之间划分的比例，即当家庭把更多的储蓄用于银行存款时，货币供应量增长率和经济增长率将提高，而经济增长率的提高必然使企业的资产负债率发生变动。换句话说，在上述模型的假设条件下，高经济增长率必然会使企业的资产负债率提高，从而会导致货币金融体系的不稳定。

（2）由于经济增长率的提高必然伴随企业资产负债率的提高，从而经济增长率的变动取决于特定的货币金融体系。如果商业银行的贷款完全取决于资产抵押，更明确地讲，如果银行贷款对可抵押资产（在上述模型中为股票价值）的比例不变，在假设商业银行准备金率不变的条件下，经济增长率将保持稳定，由此可以推论，商业银行的贷款越是不依赖于资产抵押，则货币供应量和经济增长率越不稳定。由此还可以推论出，如果商业银行的贷款不依赖于资产抵押，则在经济波动中企业的亏损将被转嫁到银行导致货币金融体系的破坏乃至崩溃。

（3）银行贷款对资产存量的比率不变，则经济增长率的变动只取决于商业银行准备金率的变动。但在某些假设条件下，商业银行准备金率的变动不仅会改变货币供应量和经济增长率，而且会影响货币金融体系的稳定性。

5.1.1.3　稳定状态比较

利用上述模型，我们可以讨论经济增长率或名义 GDP 增长率的决定与变动。

显然，这一模型中经济增长率完全取决于货币供应量的增长率，而货币供应量的增长率则取决于模型中的几个关键变量，假设商业银行的准备金比率不变，则货币供应量的增长率取决于储蓄率和家庭的资产选择与总储蓄在银行存款和股票投资中的比例，而这一比例也同时决定了企业的资产负债率。

从前面对内生的货币供给的说明可以表明，只有商业银行可以增加货币供应量。需要提到的是，家庭购买股票，企业用发行股票筹集的资金投资并转化为收入，当然还可以再购买股票和投资，这一过程虽然可能使 GDP 的增长率发生变动，但并不会增加货币供应量，这一点可以从货币的定义中得到，即只有储蓄存款可以增加统计上的货币供应量，上述购买股票和投资过程的变动在统计上只是货币流通速度的变动，当我们假设货币流通速度不变时，可以把这一问题排除掉。

按照前面的分析，银行存款在储蓄中的比例越低，则货币供应量的增长率越低，经济增长率越低；反之，银行存款在储蓄中的比例越高，则货币供应量和经济增长率越高。由于这一比率在模型中同时就是企业的资产负债率，从而货币供应量和经济增长率越高，企业的资产负债率越高。由此可以得到这样的结论，名义 GDP 增长率取决于货币供应量增长率，而货币供应量的增长率则取决于家庭的资产选择，即储蓄中银行存款和购买股票的比例，而这一比例又与企业的资产负债率相对应，由此可以推论出一个比较静态的命题，一国 GDP 的名义增长率联系到企业的资产负债率和特定的货币金融体系的结构，即资本市场和银行信贷的比例。

从上述分析中可以推论出的一个重要命题是，经济增长率的变动必然会导致企业资产负债率或金融结构的变动，这一点直接联系到货币金融体系的稳定性。给定最初的储蓄率和银行存款在储蓄中的比例，这将决定货币供应量和经济增长率，而经济增长率的提高必然联系到货币供应量的增长，而货币供应量的增长首先要求改变金融结构，即银行存款在储蓄中的比例，同时也改变企业融资中银行贷款和股票筹资的比例，当然也同时改变了企业的资产负债率。这样，当经济增长率提高时，企业的资产负债率也将提高，而资产负债率提高就会导致金融体系的不稳定。

5.1.1.4　利息率与货币的供求

现在，我们在模型中加入利息率来讨论上述模型中的稳定性和调整问题。在上述的简单模型中，利息率的变动将能够有效地调节货币金融体系的均衡。

假设家庭对银行存款和购买股票的资产选择取决于二者的收益率，股票的收益率取决于企业的利润 Ei，银行存款的收益是利息率 i，不考虑风险，在均衡时股票与银行存款的收益率是相等的，即 $Ei=i$，商业银行利率的变动（或股票收益率的变动）将改变人们对两种资产的选择，即当利率提高时，人们将把更多的储蓄用于银行存款和减少股票的购买；反之，当利率下降时，银行存款将减少。

由于银行存款构成商业银行的可贷基金，如果假设商业银行的准备金比率不变，则利息率的变动将决定商业银行的货币供给，商业银行的货币供给是利息率的正函数。再来看货币需求，假设不存在消费信贷，则对商业银行贷款的需求只有投资，如果投资与利息率是负相关的，则货币需求与利息率也是负相关的。这样，我们可以得到货币的供求曲线，如图 5.2 所示。

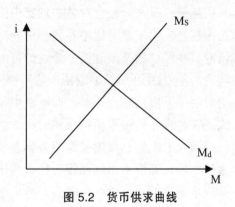

图 5.2　货币供求曲线

在这一货币的供求均衡模型中，利息率的变动只是商业银行调节的，即商业银行根据储蓄存款的货币供给和企业投资的货币需求是否相等来调节利率，通过利率的变动使货币的供求相等。这种利率的调节将使上述模型达到均衡。

让我们来考虑上述模型中的均衡调整。例如人们突然改变了原有的储蓄在银行存款和购买股票比例的划分，把更多的储蓄用于银行存款，由于存款的增加使货币供给曲线右移，利息率下降，由此引起货币供应量的增加和投资的增加，投资的增加使企业的利润增加，而利润的增加又使货币需求曲线右移，这又使投资和利润进一步增加。但当利润增加时，会使股票的收益率提高，股票收益率的提高会使人们把更多的储蓄用于购买股票，由此引起商业银行可贷基金减少，这会使商业银行提高利率，利率的提高将使上述过程向相反的方向变动，即利率的提高使货币供给和投资减少，收入和利润下降，由此使经济恢复到均衡或围绕着均衡点波动。

5.1.2　加入二级资本市场的内生货币供给模型

我们在前面的分析中完全抽象掉了股票市场或资本的二级市场，目的在于减少分析的复杂性，而在实际经济中，作为资本市场重要组成部分的股票市场是非常重要的，其重要性不仅在于它是现代企业组织和市场竞争的核心环节，而且直接联系到货币金融体系，从而也成为货币理论的重要内容，如凯恩斯的货币投机需求和货币的资产选择理论直接联系到资本市场。但在目前的主流经济学中，资本存量价值的变动和资本市场的分析被完全排除在外而只考虑收入流量，从而不可能理解货币与资本的性质和现实的宏观经济运行，这种缺陷产生于主流经济学中的货币并不具有价值。在宏观经济分析中加入资本市场的分析是很重要的，因为最复杂的问题是资本存量价值的变动。如果资本存量价值是不变的，资本存量价值只是按折旧去计算就可以了，企业的成本收益计算根本不需要考虑存量价值的变动而成为非常简单的了。对于货币金融体系和经济波动来讲，最关键的问题是资产价值的变动和存量与流量的比例。这里采用最简单的模型把二级资本市场加入到货币金融体系中，表明股票价格的意义和与其他宏观变量的关系。[①]

---

① 对资本市场的详细分析，请参见柳欣. 资本理论——有效需求与货币理论[M]. 北京：人民出版社，2003：99－125.

5.1.2.1　基本模型

基本模型表明股票价格的性质和作用是理解资本市场的出发点。由于问题比较复杂，我们这里把资本市场放在一个抽象的模型中来讨论，采用前面的货币金融体系模型，在其中加入股票市场或股票的二级市场，这使货币金融体系由三个部分所组成，即银行体系、股票发行（一级）市场和股票流通（二级）市场。

如图 5.3 所示，假设企业的全部收入都转入家庭，家庭的收入减消费后的储蓄分为两部分：银行存款 D 和购买股票 E，再在购买股票的部分中划分为一级市场直接购买企业发行的股票 E1 和在股票二级市场的购买 E2。企业的总资产为 E1+DD，即 E1+D（1-R），资产负债率为 DD /（E1+DD），在这里出现了一个新的变量 E2，它可以表示家庭投入股市二级市场的资金量。在经验中，这种股市一级市场和二级市场的划分是容易的，因为一级市场进入了企业的资本账户，二级市场的资金则在二级市场上购买股票和进入了证券公司的保证金，当然，实际中家庭会保留一部分现金，家庭中这部分资金的使用即凯恩斯表明的货币的"投机需求"，为了简化，这里假设家庭的这部分资金全部用于二级市场购买股票。

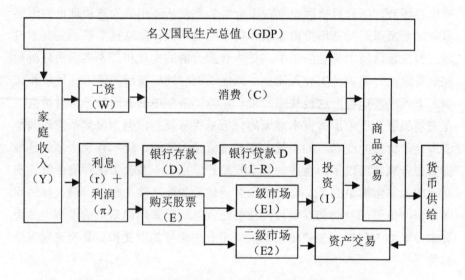

图 5.3　加入二级资本市场的内生货币供给模型货币流程图

在这里，我们加入一个关键的假设，即二级市场的股票价格取决于投入二级市场的资金量 E2，即 $P_E = bE2$，其中 P_E 为股票价格，b 为系数，表示投入二级市场的资金与股票价格的比例，如果假设 b 为常数，则表示股票价格与二级市场的资金量是成比例的。当我们用二级市场的资金量来表示股票价格，则可以得到股票的市场价格与企业净资产的比率（即市净率）为 E2 / E1，股票的市盈率为企业的利润分红与股票价格的比率，即 π / E2。

现在，我们把上述资本市场的模型与前面的模型合在一起，由此得到包括资本二级市场或股票价格的模型，与前面模型的区别就在于增加了表明股票价格决定的变量 E2（及 P_E）。当把股票价格加入模型中，引起的变化主要体现在以下三个方面：（1）企业的成本收益计算被改变；（2）投资直接联系到股票价格；（3）家庭的资产选择和企业的融资发生了变动；（4）由于出现了资产交易需求而改变了货币的供求。

1. 企业的成本收益计算

首先来看企业的成本收益计算。在没有资本市场和资产交易的条件下，企业的成本收益计算可以把资产值作为给定的，只需考虑折旧就可以了。但在加入了资本市场和资产交易后，资产值就不再是给定的，而是取决于资产的市场价格的变动。在上述模型中，假设所有的企业都是上市公司，企业之间的资产交易完全按照二级市场的价格进行。这样，我们可以采用模型中的 E1 和 E2 表示企业的资产值和它的变动。E1 为企业总资产中的自有资金（股东权益）部分，如果假设企业的资产负债率不变，则我们可以用 E1 表示企业的资产值，E2 则可以表示企业资产的市场价格，即企业可以按照 E2 的价格在资本市场上出售资产。这种资产交易的存在改变了企业的经营，企业投资和经营的目的不只是要在产品销售中获得利润，而是要从资本存量升值中获取利润，企业不仅可以经营产品，而且可以经营资产。另一方面，企业可以利用资产交易来改变企业的财务会计账户，即通过资产交易改变财务报表。这种资产经营通过资产交易使资本存量价值发生变动和进入企业的成本收益计算。

为了表明出现资产交易后企业的成本收益计算，我们把企业的财务划分为两种，一种是通常的会计，会计的基本原则就是记账，即把企业发生的所有交易原原本本地记录下来，由此形成企业的财务报表，其中的资产值是按照资产原值减折旧进行计算的，即无论资产的市场价值或股票价格如何变动，企业的会计只是按照发生的资产交易值计算。这种财务会计的重要意义在于，股东、管理和税收部门往往是以财务会计报表来评价企业经营状况的，因为企业上交的税收和分红以及可支配的现金都只能以财务会计账户为依据。但当存在资产交易时，企业就不能按照资产原值计量成本，而要根据资产现值和资产价格的变动考虑成本的变动，我们把这种成本收益计算称为企业的"财务管理"。对于财务管理来讲，其所对应的是金融市场。财务管理的目标就是要分析企业资产的市场价格与财务会计账户上资产价值之间的关系，通过资产交易改变会计账户上的资产值而进行融资和获取利润。

对于资产交易来讲，会计针对的是资产原值 E1，而财务管理则针对资产值的变动或资产现值 E2，E1 和 E2 通过企业的资产交易联系起来。当一个企业按照 E2 的价格把资产出售给另一个企业，资产值就从 E1 变为 E2，这个资产值就成为另一个企业计算折旧和利息的 E1。这个资产值的变动过程是通过企业投资进行的，当 E2＞E1 时，企业要按照更高的价格购买资产，只有使投资增加；反之，当 E2＜E1 时，企业破产时的兼并重组则可以视为负投资，这就使股票价格通过投资与企业资产值的变动和成本收益计算联系起来。

2. 股票价格与投资

重述前面模型中作为与企业财务相联系的收入－支出模型：W+D+r+π=C+I，假设其中的投资划分为两部分，一部分用于支付工资，另一部分购买资本存量，按照假设，投资中资本存量的购买是按照二级市场的价格进行的，这样，E2 与 E1 之间的差额将决定企业的赢利（或亏损）。可以用托宾的 q 理论来表示这种关系，即 q=资产现值/重置成本，当 q＞1 时，企业将进行投资，q＜1 则进行负投资。为了与我们模型中的概念相对应，把托宾q 理论中的重置成本改为资产原值，再假设企业的资产负债率不变，即企业的总资产与 E1 成稳定的比率，则可以改写托宾的 q 理论公式：

$$q=资产现值/资产原值= E2 / E1$$

这样，可以重新说明托宾的 q 理论，即企业的投资是根据资本存量的市场价格 E2 和企业的资产原值 E1 之间的比较进行的。由此，我们可以把股票价格与企业的投资联系起来，从中得到一种稳定状态均衡的条件，即股票二级市场的价格必须与新增的投资相适应。这里重要的是，当企业按照资产的市场价格进行资产交易后，股票价格将替代原有的资产值进入企业的财务账户，即企业必须根据新的资产值来计算折旧和利息。如果股票价格过高而导致过高的市净率，则企业的投资和进行资产交易就必然会加大企业的资产值，虽然在当期能够通过提高资产值而增加赢利，但必然会加大企业的成本而使以后的利润下降。当股票价格相对于给定的投资过高时，将使企业无法进行资产交易。①

凯恩斯的资本边际效率投资公式与托宾的 q 理论在某种意义上是一致的，即：

$$P_S = \frac{R_1}{1+r} + \frac{R_2}{(1+r)^2} + \cdots + \frac{R_n}{(1+r)^n}$$

其中，P_S 为资本品的供给价格或重置成本，R 为预期收益。给定资本品的供给价格和预期收益，则可以得到资本边际效率 r。给定货币利息率 i，当资本边际效率大于利息率，即 r＞i 时，投资将增加。在上述公式中，利率的作用并不只是考虑当年的利息流量，而是把所有未来的收益用利率贴现为现值，这种贴现方式与收益现值法评估资本存量价值的公式是相同的，即资本存量价值等于其收益除以利率（K＝R/i），这一公式的含义是把未来资本的所有收益都转化为现值，这与只计算收益流量的方式是不同的。就投资来讲，如果考虑利息率只是投资或产品的成本，利率对投资的影响并不会很大，因为利息在企业成本中所占的比重是很小的，而当利息率能够影响资本存量价值，利息率对企业的成本收益计算的影响就变得巨大了，如果其资产价值的提高能够在资本市场中通过交易实现，则资产值的上升将全部被计入当年的利润。利率对投资影响的复杂性就在于它同时影响资本存量价值和收入（利润）流量，把 K 作为资本存量，R 作为预期的未来的收入（利润）流量，在资本存量价值的决定公式 K＝R/i 中，利息率将不再只是投资的成本，利息率的变动将同时影响资本存量价值（或由利息率贴现的未来的收入流量）。当利息率提高时，资本存量的价值将下降，资本存量价值的降低将被计入利润流量的减少，同时，由利息率贴现的未来收益值也将下降；反之，当利息率降低时，资本存量价值将提高，贴现的未来收益的现值也提高。由此可见，利息率并不只是调节收入流量，更重要的作用则在于调节资本存量价值，资产交易的存在将改变前面简单的流量模型，资本存量价值的变动将影响企业的成本收益计算和货币供求，从而成为宏观经济分析中最复杂的部分。

---

① 由此可以表明，判断二级市场股票价格是否过高的一个重要指标就是看其是否还能够进行资产交易。

3．家庭的资产选择与企业的融资

加入资本市场后，家庭的资产选择成为把储蓄划分为银行存款、在一级市场的直接投资和在二级市场购买股票三部分。人们的银行存款和购买股票的比例取决于利息率 i 和股票的收益率 iE，当股票的收益率大于利息率时，人们将把储蓄用于购买股票；反之，则增加银行存款，如果不考虑购买股票的风险，其均衡条件为利息率等于股票的收益率，即 i/iE＝1。

家庭购买股票需要划分为一级市场 E1 和二级市场 E2 两部分。这里需要考虑的问题是，股票的收益不仅是股息分红，还有企业资产值和股票价格的变动，即资产增值的收益。按照前面对投资与利润的分析，投资不仅产生利润流量，而且当投资用于购买原有的资产时将增加资产值，资产值增加的部分将构成股票的资产增值收益。股息分红收益和资产增值收益是难以在一级市场和二级市场中划分的，但为了简化，我们假设家庭在一级市场上购买股票是为了获得股息收益，在二级市场上购买股票则为了资产升值收益。股票的资产价值（即每股净资产）取决于企业的投资和资产交易，股票价格则取决于股票二级市场上的供求，从而取决于家庭用于购买股票的资金 E 在 E1 和 E2 之间的划分。这样，在均衡条件下，全部股市资金 E 在 E1 和 E2 之间的划分将使二者得到同等的收益率，否则人们将根据收益率的差别重新选择资金 E 在 E1 和 E2 之间的划分。

4．货币的收入交易与资产交易

人们在一级市场购买股票会使企业得到用于投资的货币，这种货币将构成收入交易而成为名义 GDP 的一部分，同时也将改变财务会计账户上的资本存量价值。投入二级市场的货币构成货币的资产交易，将决定股票二级市场的价格。凯恩斯用货币的投机需求表示人们把货币作为一种资产的选择行为。如前所述，当我们明确加入了资产交易和股票的二级市场，则货币的投机需求将不再需要，而是可以明确地表示为二级市场的货币需求，我们把二级市场的货币需求称为资产交易的货币需求，而一级市场的货币需求则可以包含在企业的融资需求中。这样，全部货币需求可以分为两部分，一部分是由消费需求和融资需求构成的收入交易需求，另一部分是资产的交易需求。与收入交易相对应的为收入流量，即消费加投资，与资产交易相对应的是股票交易和股票价格。

这里用 M_Y 和 M_K 分别表示货币的收入交易和资产交易，用 V_Y 和 V_K 表示各自的货币流通速度，从而有下列公式：

$$M = M_Y V_Y + M_K V_K \tag{5.3}$$

$$M_Y V_Y = \text{GDP} \tag{5.4}$$

$$M_K V_K = E2 \tag{5.5}$$

对于收入交易，假设用于收入交易（消费与投资）的货币流通速度不变，只要确定用于收入交易的货币数量，即可得到名义收入水平。公式中 E2 表示用于股票二级市场的货币量，从而决定股票价格。与凯恩斯和现代货币理论的假设相同，这里的 M_Y 和 M_K 并不是截然分开的两部分，而是可以通过家庭的资产选择互换的。当然，如果把它们理解为货币的交易需求和投机需求，上述模型只是用另一种概念和方法来研究现代货币理论所讨论的相同问题。

5.1.2.2　模型的均衡与稳定状态

由于上述包含股票价格的模型只是在模型中加入了股票的二级市场和股票价格，这个模型的稳定状态是容易证明和理解的，这里只需表明与前面的模型不同的部分就可以了。这里重述前面模型的稳定状态条件，在收入－支出模型 $W+d+r+\pi = C+I = S+I$ 中，所有变量的比例保持不变，从而使资本产出比率（K／Y）不变。在货币金融市场中，家庭的储蓄（S）在银行存款（D）与购买股票（E）的资产选择中保持稳定的比例，从而使企业的资产负债率保持稳定，由此将决定稳定的货币供应量增长率，其他所有的变量按照稳定的增长率同比例增长。现在来看加入股票价格后的稳定状态模型。

如果要获得与前面模型相同的货币供应量增长率和名义 GDP 增长率，在家庭的资产选择中，银行存款（D）与购买股票（E）的比例与没有二级资本市场时相比将发生变动，因为这里存在着资本二级市场的货币需求，从而需要把更多的储蓄用于购买股票（E）。在购买股票（E）的资产选择中，E1 与 E2 的比例是非常关键的，因为 E2 将决定资产的市场价格或股票价格，从而决定资产原值与资产现值的比率（市净率，E2／E1）。这个比率（E2／E1）一方面必须与投资中用于购买资本存量的部分相一致，从而保持这个比率的稳定性；另一方面，这个比率又通过投资决定利润流量，从而必须使这个比率所决定的利润与利率保持一定的比率，即可以使家庭把储蓄分配在银行存款、一级市场和二级市场中所获得的收益率相等。

对于企业的成本收益计算来讲，由于存在着股票的收益，在收入－支出模型 $W+d+r+\pi = C+I$ 中，利润将成为一个稳定的正值，即可以使企业获得稳定的净资产收益率，这个收益率在不考虑风险的条件下等于利率；另一方面，企业要保持稳定的资产负债率，企业的投资也要按照稳定状态的要求在工资支出和购买资本存量的比率上保持稳定。

在上述条件下，我们可以得到包含股票价格模型的稳定状态增长，即商业银行提供一笔增加的货币作为货币的资产交易需求，这个增加的货币通过家庭的资产选择进入股票二级市场，由此决定股票价格，企业投资中购买资本存量的部分按照这个股票价格购买资产，在流量上使企业获得利润，同时使资本存量增殖，企业的利润和资产增值成为股票一级市场和二级市场的收益。模型中所有的变量，包括股票价格都以稳定的比率增长。

上述稳定状态增长模型可以被美国长期的经验统计数据加以证实。这种稳定状态条件与美国的经验事实大致吻合，如美国的股票价格在长期是稳定增长的，GDP 也是稳定增长的。如果在资本市场能够保持这种稳定关系，则上述包括资本市场的模型与前面的稳定状态模型将具有相同的性质，即在长期，所有的变量都保持稳定的比例和增长率。根据美国长期货币供应量增长率保持稳定的经验，我们可以从货币的收入交易与资产交易划分的公式（$M = M_Y V_Y + M_K V_K$）中得出，当收入交易的货币量为稳定的比例时，用于资产交易的货币量也是稳定的，由此决定股票价格指数的增长（联系到 E1）与资本存量（E2）和 GDP 的增长保持稳定的比率。在美国长期的经验数据中，股票的市净率基本稳定在 3 倍左右，而市盈率则在 15 倍左右，这与美国长期利润率保持在 10%和利率为 6%的经验是一致的，即股票的收益率与利率保持稳定的比例。

从上述稳定状态出发，可以讨论股票市场的价格波动和包含资本市场的经济波动，对股票市场波动的分析同时就是对模型稳定性的说明。在经济高涨时期，随着货币供应量的增加，E2 对 E1 的比例提高，从而引起股票价格上升和资产现值对资产原值的比例（托宾的 q 值）提高，这种比例的改变来自投资增加所带来的利润上升。从企业的成本收益计算来看，虽然增加的资本存量价值总是等于投资的累加值，但新增的资本存量价值会计入当期企业的利润流量，这会使资产价格（股票价格）提高，从而使投资和资产值进一步提高，资产值的上升使二级市场股票的收益率提高，人们根据模型中资产选择的假设将把资金从 E1 转向 E2，引起股票价格的进一步上升。模型中的其他变量也向着经济高涨时不合理的比例关系变动，这种比例关系的变动我们在前面已经讨论了，但当加入了股票市场后，经济波动的幅度会更大，其原因就是企业把资产升值作为利润来处理，这可能导致利润在收入流量中的比重提高，并使投资转向购买资本存量或资产交易，同时，二级市场的投资者也把股票价格的上升作为资产升值看待，由此将加剧经济波动。

制约股票价格上升的两个重要因素是投资和货币供应量。如上所述，股票价格作为资产现值将通过企业的资产交易进入企业的成本收益计算，当二级市场上股票价格过高或市净率过高，将使企业无法按照这个价格购买资产，因为按这个价格决定的资产值会使企业的折旧和利息成本提高而降低利润。显然，过高的市净率是相对于过低的投资而言的，一旦失去了一级市场的资产交易，股票的收益只能依赖于二级市场资金的累积性增加和股价上涨，完全与企业的利润分红脱离，这显然是不能持续的。因此，一级市场中企业的资产交易是否能够正常进行是判断二级市场股价是否过高或股市泡沫的重要依据。另外，与市净率相联系的 E1 与 E2 的比率直接涉及投资和货币供应量的变动，当人们把资金从 E1 转移到 E2，投资将减少，GDP 的增长率下降，收入的减少会使银行存款减少而引起货币供应量的下降。换句话说，二级市场的资金增加意味着货币供应量的下降。当货币供应量下降时，进入二级市场的资金是不可能按累积的比率增加的。

另一个重要的因素是企业的资产负债率，这联系到企业的融资和商业银行的货币供给。市净率和市盈率指标所对应的是企业的净资产和利润或净资产收益率，而包括负债在内的企业的总资产和资产负债率的变动对于商业银行的货币供给和股价的波动具有极为重要的影响。商业银行对企业的贷款是以净资产为抵押的，企业的资产负债率直接影响商业银行的贷款和货币供给。企业的赢利和 GDP 增长率的变动在很大程度上取决于总资产和企业资产负债率的变动。在经济周期的上升阶段，正是由于商业银行货币供给的累积性增加而使投资和二级市场的资金不断增加，但这个过程伴随着企业资产负债率的提高。在这个过程中，企业按照过高的股票价格决定的资产值进行投资，显然可以使企业的净资产增加，就个别企业来讲，可以用增加的净资产作为抵押从银行获得贷款，但只要货币供应量增加，整个经济中企业的资产负债率必然上升。一旦商业银行根据其超额准备金比率减少和企业的资产负债率提高的状况降低货币供给的增长率，将引起经济衰退和股价下跌。显然，如果商业银行采用"股票质押"的方式直接向二级市场的券商融资，将进一步加剧 E1 与 E2 之间不合理的比率，引起股市的剧烈波动和商业银行的巨大风险。

综上所述可以得出如下重要结论：（1）所有宏观经济变量的决定与技术是完全无关的，而是内生于特定的货币金融体系；（2）货币只能通过商业银行提供，除此以外，没有别的渠道可以增加货币供应量；（3）家庭资产选择中银行存款与股票价值的比例上升，会导致货币供给的增长率下降；（4）银行的准备金－存款比例上升，会导致货币供给的增长率下降；（5）贷款额与股票价值比例或企业自由资本的比率的上升，会导致货币供给的增长率上升；（6）企业资产原值与资产现值的比率，即市净率（E2/E1）的上升，会导致货币供给的增长率下降。

第二节　内生货币供给条件下的发展中国家的金融政策

加速金融体制的改革，建立与高速经济增长相协调的货币金融体系，是当前实现我国高速经济增长，进而解决严重的有效需求问题的关键。

M2/GDP 表示货币的流通速度，是公认的金融深化指标。由图 5.4 可见，20 世纪 90 年代以来，我国的金融深化程度不断加深，特别是从 1994年以后更是迅速加深，而货币流通速度的下降说明我国经济中以前没有使用货币进行交易的地方不断地被"货币化"了。但与此同时，我国货币供给量和名义 GDP 的增长速度却出现了下降。

金融深化和货币增长指标不符的主要原因在于，我国农村的货币化进程停滞，形成了城市和农村两个相对独立的货币循环体系。在经济发达的城市地区，金融体系发达，企业融资便利。较为成熟的银行体系通过信贷支持二、三产业的发展；资本市场的存在可以使大型企业容易获得直接融资。在这些地区，人民收入水平较高，在满足了基本的生活需求之外，还可以支付高价格的"高科技"产品和服务费用。在农村，由于农产品价格低，农民收入低，无法承担城市中高昂的生活成本。金融体系对农村的融资需求支持不足，农民和乡镇企业难以得到发展急需的资金。由于金融体系的缺陷，导致城市和农村的"金融二元结构"。货币资金在发达地区和农村的联系被割断，两种相对独立的货币循环造成地区发展的不平衡，收入分配差距加大，在宏观面上表现为有效需求不足。因此，我国应该建立一个能够为经济快速发展提供充足的货币供给，特别是能够保证农村的货币化进程得以继续的货币金融体系。这种货币金融体系必须能够为农村和乡镇企业以及其他中小企业提供有力的资金支持。

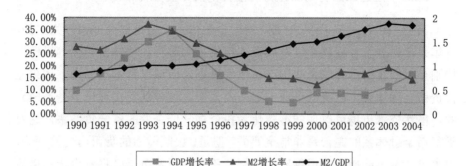

图 5.4　1990－2004 我国名义 GDP 和货币供给量增长率与金融深化

　　另一方面，自 1984 年中央银行成立以来，我国的货币金融体系是以国有商业银行的完全控制为基础的，虽然 90 年代后发展了多种成分的商业银行体系以及资本市场，但到目前为止，不仅国有商业银行依然控制着约 80%的银行业总资产，而且其他商业银行也完全是国有控股的，资本市场和上市公司也完全在国家的控制之下，这使政府的货币政策和财政政策决定着货币金融体系的运行。如前所述，整个国民经济的运转就是货币金融体系的运转，我国 1984 年以来的经济体制改革就是在严格控制货币金融体系的条件下，通过大规模扩张货币供应量使经济货币化，基本完成了城市的企业和市场化的改革，而如果没有政府的信誉和国有商业银行，这种大规模的货币扩张是不可能的。但是，以政府信誉和国有商业银行为基础的货币金融体系带有两方面的弊端，其一，它不能适应市场机制的融资和竞争的需要，国有商业银行的贷款具有很强的政策性，贷款更多地流向国有企业和地方政府，而非国有企业的发展主要靠国有企业的资金流出；其二，目前的货币金融体系与内生的货币供给带有很大的冲突，在商业银行具有独立的自主权条件下，政府的货币政策往往需要通过行政手段来实施（比如撤换行长），而行政手段又只能在万不得已时使用，这就容易造成货币供给的大起大落和经济"一抓就死，一放就乱"的局面。因此，必须从内生的货币供给入手，建立与市场竞争相适应和能够保证政府的宏观经济政策运行的货币金融体系。

　　由此可见，我国的金融结构改革应做到以下三方面：

5.2.1　建立以国有商业银行为主体的货币金融体系

第一，在经济高速增长时期，货币金融体系一定是以商业银行为主的。近年来，许多学者强调通过发展资本市场扩大融资和使储蓄转化为投资，特别是对于我国目前的企业资产负债率过高，应该以资本市场为主体来完善货币金融体系，以降低企业的资产负债率。这种观点在理论上是不成立的，虽然资本市场可以使储蓄转化为投资并降低企业的资产负债率，这对于货币金融体系的完善是非常重要的，但是，按照前面的货币内生性理论，资本市场并不能增加货币供应量，把货币转入资本市场必将减少货币供应量，同时，资本市场的发展必须以货币供应量的增长为前提。从经验上看，所有国家在资本原始积累时期或经济的货币化时期都是以银行业的高速发展为基础的，只有完成了经济的货币化，资本市场才得以快速发展。企业的债券市场对于企业的融资和增加货币供应量是有用的，但这是一个商业银行与债券市场的替代问题。从日本经济高速发展时期金融体系的经验来看，商业银行的发展是先行的，只有在商业银行体系稳定的条件下，才能更好地发展债券市场，因为商业银行的融资体系比债券市场更加稳定，换句话说，债券市场对于货币金融体系可能是极不稳定的。因此，我国当前的货币金融体系必然是以商业银行为主体的。

第二，在启动经济的高速增长和整个高速增长时期，保持国家对货币金融体系的控制是非常重要的，因为只有依靠国家的信誉才能保持货币金融体系的稳定和货币供应量的大幅度增长，特别是在货币供应量大幅度增长的条件下，货币金融体系会表现出极大的不稳定性，如企业的资产负债率会大幅度上升，如果依靠商业银行来解决不良资产问题将使货币供应量难以稳定增长。为了保证国家对货币金融体系的控制，保持国有商业银行在银行业的比重是极为重要的，一方面可以保证货币供应量的大幅度增长，另一方面可以保持货币金融体系的稳定，因为企业的资产负债率过高和商业银行的不良资产增加都需要政府财政的调节，特别是在目前我国的货币化过程中和国有企业占有相当大比重的条件下，保持国有商业银行在银行业的垄断地位是非常重要的。

考虑目前的情况，四大国有商业银行在银行业总资产（包括存款）的比重要超过50%，控制在50%－60%之间为宜，以保证国有商业银行在货币金融体系中的主体地位。在国家控制几个超大型银行的条件下，可以考虑让国内的非国有经济进入银行业，增加中小银行的数量且控制其规模，降低商业银行进入的限制条件，鼓励国有控股企业和非国有企业进入银行业。建立大量的中、小银行是企业投资和融资的需要，特别是农村金融体系的建立和农业的投资需要大量的中、小银行。在今后几年形成银行业的大发展局面对于经济的全面货币化和高速增长是非常重要的，这也是各国货币化时期的普遍经验。

5.2.2　保持财政与国有商业银行的紧密结合

国家财政与货币金融体系是高度融合的，特别是对于当前我国的经济体制和货币化过程来讲，政府财政实际上应成为商业银行的内在组成部分。政府财政对于货币金融体系的作用有以下两个方面：

第一，保证国有商业银行的资本金和处理国有商业银行的不良资产。随着非国有企业进入银行业，为保证国有商业银行在经济中的比重，必须由财政不断地补充国有商业银行的资本金。对于引进国外的"战略投资者"改造国有商业银行的政策，决不应削弱国家对商业银行的控制，保证国有商业银行的绝对控股地位。国有商业银行的股份制改造应更多地吸收国内资金，我国银行业的大力发展不可能离开政府的信誉和财政资金的支持，我国高速经济增长的特殊的货币政策也需要国家对金融领域的控制，目前所要采取的措施是通过国家财政削减国有商业银行的不良资产，以加强其竞争力。由于货币供应量的大量增加和经济波动，商业银行的不良资产是不可避免的，通过政府财政来化解国有商业银行的不良资产也是必须的，这对于保证国家但是货币政策是非常重要的。

第二，目前我国企业的资产负债率过高，要保持高速经济增长企业的资产负债率必须保持稳定，而货币供应量的增长又必然使企业的资产负债率上升。如前所述，日本在高速经济增长时期所采用的方式是"主银行制"，商业银行直接向企业投资，即把本来是商业银行的贷款改为资本金，这就降低了企业的资产负债率，但是，这种方法等同于商业银行的贷款是没有抵押的，虽然能够使货币供应量大幅度增长，但商业银行的风险太大，企业的破产全部是商业银行的损失，这对于不断地通过企业破产调整资产值是非常不利的，日本在20世纪90年代经济衰退时期的主银行制的弊端充分暴露出来。因此，目前我国对于"银企结合"以及通过"投资银行"等方式形成银行对企业的投资是需要限制的，因为在我国以国有商业银行为主体的条件下，没有必要形成"金融资本"对企业的控制。为了保证货币供应量的增长和金融体系的稳定，通过政府财政来调整企业的资产负债率是必要的。在城市化的过程中，政府可以采用财政投资作为资本金从商业银行融资，还可以用即将开发的地产作为抵押向商业银行贷款，国有企业的破产损失也可以由财政负担。为了使企业的资产负债率下降，更直接的方法是，当土地价格上升而使国有土地升值后，直接通过资产重新评估改变企业的财务报表。当然，这些方法操作起来是困难的，因为会损害竞争，但只要政府能够控制货币金融体系，完全可以找到可行的方法使财政与商业银行紧密融合，保证货币金融体系的稳定。

5.2.3　改变资本市场的发展思路

在资本市场的发展方面，需要改变目前以为企业融资为主的发展思路，资本市场的功能在于形成企业之间的竞争，使企业在产品市场的竞争与金融市场联系起来，从而能够使竞争成为企业家之间的竞争，使有能力的企业家获得资本的支配权。如果资本市场仅仅为了融资，那根本就不需要二级市场，企业只发行"优先股"就可以了。这种对资本市场功能的认识是重要的，因为对于竞争而言，关键是要制定平等的竞争规则，如果发展资本市场的目的是使储蓄转化为投资，或为某一类企业（如国有企业或高科技企业）融资而设立规则，必然会扰乱正常的竞争而使其成为投机的场所。我国资本市场的发展正是在这一点上走了很大的弯路，目前急需解决的问题是逐步放弃为国有企业融资和国有资产保值增值目标，建立公平的竞争规则与正常的市场秩序，唯此才能恢复资本市场的功能。

资本市场的发展对于建立现代企业制度和竞争规则是极为重要的，我国的资本市场是需要大力发展的，而且需要尽快完善，因为一个不完善的资本市场会对货币金融体系的运行产生极大的干扰和冲击。如我国 1999—2001 年资本市场不正常的发展，使股票二级市场集聚了大量的资金，在上市公司净资产收益率大幅度下降，投资和货币供应量增长率都下降到 1990 年以来最低点的情况下，二级市场股票的市净率却超过了 5 倍，市盈率达到 50 倍，这必然使资本市场的资产交易（企业的资产重组和企业兼并）和融资功能产生极大的扭曲，不仅严重干扰了正常的竞争，而且严重影响到宏观经济的稳定，这种资本市场的不正常发展是导致货币供应量下降的重要原因之一。随着我国高速经济增长的启动，货币供应量和企业的利润都会大幅度增长，如果不能规范好资本市场的发展，将严重影响货币供应量增长率的稳定和经济的高速增长。

　　针对高速增长的货币金融体系而言，目前重要的是把资本市场与商业银行的货币供给体系在一定程度上隔离开，而不能照搬发达国家的资本市场模式，要严厉禁止商业银行的股票质押和银行资金流入股票二级市场。在政府控制以商业银行为主的货币供给体系的条件下，规范资本市场的规则，降低企业上市的"门槛儿"，全面放开资本市场，以发挥资本市场的竞争功能，通过资本市场进行企业的兼并、重组来降低资产值，利用资本市场来促进高科技企业的发展和高科技企业对基本消费品部门低技术企业的兼并、重组，特别是对乡镇企业的兼并，使企业通过资本市场中的竞争扩大规模。目前特别要注意制定适当的法规防止企业通过二级市场的兼并、重组来提高资产值，因为随着货币供应量和企业利润的增加，在目前的资本市场状态下，1999－2001 年企业在资本市场上极不正常的资产交易行为会再次重演，这对于正常竞争和经济稳定是极为不利的。

参考文献

一、中文参考文献

[1] 詹姆斯·A 道，史迪夫·H 汉科，阿兰·A 瓦尔特斯．发展经济学的革命［M］．黄祖辉，蒋文华主译．上海：上海三联书店、上海人民出版社，2000．

[2] ＶＮ巴拉舒伯拉曼雅姆，桑加亚·拉尔．发展经济学前沿问题［M］．梁小民译．北京：中国税务出版社，2000．

[3] 北京大学中国经济研究中心宏观组．宏观政策调整与坚持市场取向［M］．北京：北京大学出版社，1999．

[4] 陈英，景维民．卡莱茨基经济学［M］．太原：山西经济出版社，1999．

[5] 陈宗胜，周云波．加速市场化进程 推进经济体制转型［J］．天津社会科学，2001（5）．

[6] 陈宗胜．改革、发展与收入分配［M］．上海：复旦大学出版社，1999．

[7] 陈宗胜等．新发展经济学：回顾与展望［M］．北京：中国发展出版社，1996．

[8] 东岩规久男．通货紧缩的经济学［M］．日本：东洋经济新报社，2002．

[9] 费景汉，古斯塔夫·拉尼斯．劳动剩余经济的发展——理论与政策［M］．北京：经济科学出版社，1992．

[10] 弗农·拉坦．绿色革命：七个结论［J］．国际发展评论，1977（12）．

[11] 格利·肖．金融理论中的货币［M］．上海：上海三联书店，1988．

[12] 工业化与城市化协调发展研究课题组．工业化与城市化关系的经济学分析［J］．中国社会科学，2002（2）．

[13] 国务院发展研究中心．中国经济的发展与模型［M］．北京：中国财经出版社，1990．

[14] 韩俊．关于增加农民收入的思考［J］．农业经济学，2001（5）．

[15] 韩文秀．买方市场条件下的宏观调控［J］．管理世界，1998（5）．

[16] 赫西曼．经济发展战略［M］．北京：经济科学出版社，1999．

［17］洪银兴. 论买方市场条件下的结构调整［J］. 中国工业经济, 1997（8）.

［18］胡鞍钢. 我国通货紧缩的特点、成因及对策［J］. 管理世界, 1999（3）.

［19］胡坚, 陶涛. 日本金融: 危机与变革［M］. 北京: 经济科学出版社, 1999.

［20］黄润中. 经济转轨期银行业监管理论发展综述［J］. 南方金融, 2003（5）.

［21］贾康, 马晓玲. 透视长期建设国债新走向［J］. 半月谈, 2005（4）.

［22］马克思. 资本论: 第二卷［M］. 中共中央马克思恩格斯列宁斯大林著作编译局译. 北京: 人民出版社, 1975.

［23］凯恩斯. 货币论［M］. 北京: 商务印书馆, 1986.

［24］凯恩斯. 就业、利息和货币通论［M］. 北京: 商务印书馆, 1983.

［25］李晓西. 新世纪中国经济轨迹——2001－2004 年分季度经济形势分析报告［M］. 北京: 人民出版社, 2005.

［26］林毅夫. 通货紧缩为何与经济增长并存？［J］. 社会科学战线, 2000（6）.

［27］林毅夫, 蔡昉, 李周. 中国的奇迹: 发展战略与经济改革［M］. 上海: 上海三联书店、上海人民出版社, 1994.

［28］林毅夫, 刘明兴. 中国的经济增长收敛与收入分配［J］. 世界经济, 2003（8）.

［29］林毅夫, 海闻, 平新乔. 中国经济研究［C］. 北京: 北京大学出版社, 1999.

［30］林毅夫. 发展战略与经济改革［M］. 北京: 北京大学出版社, 2004.

［31］铃木淑夫. 现代日本金融论［M］. 上海: 上海三联出版社, 1986.

［32］刘易斯. 二元经济论［M］. 北京: 北京经济学院出版社, 1989.

［33］柳欣. 货币、资本与一般均衡理论［J］. 南开经济研究, 2000（5）.

［34］柳欣. 中国宏观经济运行与经济波动（1990－2002）［M］. 北京: 人民出版社, 2003.

［35］柳欣. 资本理论——价值、分配与增长理论［M］. 西安: 陕西人民出版社, 1994.

［36］柳欣. 资本理论——有效需求与货币理论［M］. 北京: 人民出版社, 2003.

［37］柳欣. 转型经济是从实物经济向货币经济的过渡［J］. 天津社会科学,

2001（3）.

［38］柳欣．中国宏观经济运行的理论分析——宏观经济研究的一种新方法［J］．南开经济研究，1999（5）.

［39］陆长平．新古典经济学的"悖论"及其反思［J］．南开经济研究，2002（2）.

［40］马尔科姆·吉利斯等．发展经济学［M］．北京：中国人民大学出版社，1998.

［41］马洪，陆百甫．中国宏观经济政策报告（2001）［R］．北京：中国财政经济出版社，2001.

［42］B R 米切尔．帕尔格雷夫世界历史统计：亚洲、非洲和大洋洲卷（1750－1993）［M］．贺力平译．北京：经济科学出版社，2002.

［43］B R 米切尔．帕尔格雷夫世界历史统计：美洲卷（1750－1993）［M］．贺力平译．北京：经济科学出版社，2002.

［44］牛岩峰．中国发展报告：农业与发展［M］．杭州：浙江人民出版社，2002.

［45］帕廷金．货币、利息与价格［M］．邓瑞索译．北京：商务印书馆，1963.

［46］世界银行．1996 年世界发展报告——从计划到市场［R］．北京：中国财政经济出版社，1996.

［47］斯拉法．用商品生产商品［M］．北京：商务印书馆，1963.

［48］速水佑次郎，弗农·拉坦．农业发展的国际分析［M］．北京：中国社会科学出版社，2000.

［49］速水佑次郎著．发展经济学——从贫困到富裕［M］．李周译．北京：社会科学文献出版社，2003.

［50］孙自铎．试析我国现阶段城市化与工业化的关系［J］．经济学家，2004（5）.

［51］谭崇台．发展经济学［M］．上海：上海人民出版社，1990.

［52］王检贵．劳动与资本双重过剩下的经济发展［M］．上海：上海三联书店、上海人民出版社，2002.

［53］王检贵．欠发达国家的有效需求问题［J］．经济学动态，2001（9）.

［54］王振中等．市场经济的分配理论研究［M］．北京：社会科学文献出版社，2004.

［55］文军. 从分治到融合：近 50 年来我国劳动力移民制度的演变及其影响［J］. 学术研究，2004（7）.

［56］熊彼特. 发展经济学理论［M］. 北京：商务印书馆，1991.

［57］亚当·斯密. 国富论［M］. 杨敬年译. 西安：陕西人民出版社，2001.

［58］杨天宇. 收入分配与有效需求［M］. 北京：经济科学出版社，2001.

［59］张东辉. 发展经济学与中国经济发展［M］. 济南：山东人民出版社，1999.

［60］周晓寒. 金融经济论［M］. 北京：中国经济出版社，1988.

［61］朱泽. "民工潮" 问题的现状、成因和对策［J］. 中国农村经济，1993（12）.

二、英文参考文献

［1］Aluwalia, M S. Inequality, Poverty and Development[J]. Iournal of Development Economics, 1976 (12).

［2］Baek in Cha Korea's Financial and Corporate Sector Reform. Paper for Korea-OECD Conference[G]. Korea Institute of Finance, 2000.

［3］Bondestam, Lars. Poverty and Population control[M]. London Academic Press, 1980.

［4］Burmeister, E. Capital Theory and Dynamics. Cambridge[M]. Cambridge University Press, 1980.

［5］Carson, Jose. Microfinance and Anti-Poverty Strategies: A Donor Perspective. UNCDE Working Paper[G]. New York: UNCDF, 1996.

［6］CGAP. Working Group on Poverty Yardsticks and Measurement Tools. Draft Report and Dicussion Paper[G]. Washington DC: CGAP Secretariat, 1996.

［7］Clower, R W. Growth Without Development: An Economic Survey of Liberia[M]. Northwestern University Press, 1966.

［8］Either, C K and Statz, J. M. Agricultural Development in the Third World[M]. The Johns Hojpkins University Press, 1984.

［9］Fedelis,M. Economic Development[M]. Harvard University Press, 1996.

［10］Friedrnan, M. The Role of Monetary Policy[M]. American Economic Review, 1968.

［11］Fry M J. Saving, Investment, Growth and the Cost of Financial Repression[J]. World Development, 1995 (08).

［12］Hege Gulli. Microfinance and Poverty: Questioning the Concentional Wisdorn[M]. Inter-American Development Bank, Washington DC, 1998.

［13］Holman, Robert. Poverty: Explanation of Social Deprivation[M]. London, Murtin Robertson, 1978.

［14］Human Development Report Office. Background papers, Human Development, Report 1999:Globalization with a Human face[G]. The United Nations Development Programme, New York, 1999.

［15］Kalecki M. Selected Essays on the Dynamics of the Capitalist Economy[M]. Cambridge University Press, 1971.

［16］Lal D. The Poverty of "Development Economics"[M]. Havard University, 1985.

［17］Lionel Demery and Michael Walton. Are Poverty and Social Targets for the 21th Century Attainable?[M]. World Bank, Washington DC, 1997.

［18］Lipton, Michael. Defining and Measuring Poverty: Conceptual Issues, in Povety and Human Development. Human Development papers[R]. New York: United Nations Development Programme, 1997.

［19］Maddison A. Economic Progress and Policy in Developing Countries[M]. Allen & Unwin, 1970.

［20］Martin Ravallion: Povery Comparisons[M]. Washington DC. USA, Harvood Academic Publishers, 2002.

［21］Meadows, H. etc. The limits to Growth[M]. New York University Books, 1972.

［22］Myrdal, G. Need for Reforms in Underdevelopment Countries, Grassman, S. and Lundberg, E. The World Economic Order: Past and Prospects[M]. Macmillan Publishers, 1981.

［23］Pally, Thomas. Post keynesian economics[M]. Macmillan Publishers, 1996.

［24］Pete Alcock. Understanding Poverty[M]. Macmillan Publishers, 1993.

［25］Rakshit, M. Studies in the Macroeconomics of Development Countries[M]. Oxford University Press, 1989: 23.

［26］Rostow, W W. The Stage of Economic Growth: A Non-Communist Manifesto[M]. Cambridge, 1960.

［27］Samuelson. Parable and Realism in Capital Theory: the Surrogate Production Function[J]. Review of Economic Studies 29[G]. Oxford University Press, 1962.

［28］Sen, Amartya K. Choice, Welfare and Measurement. Blackwell[M]. Oxford, and MIT Press, Cambrige, MA.1982.

［29］Sen, Amartya K. On Economic Inequality, Expanded Edition with a Substantial Annexe by James E. Poster and Amartya yen[M]. Oxford University Press, 1973.

［30］Sen, Amartya K. Poverty and Famines: An Essay on Entitlement and Deprivation[M]. Oxford University Press, 1981.

［31］Sen, Amartya K. Poverty: An Ordinal Approach to Measurement[J]. Econometrica, 1976, 44(02).

［32］Squire, lyn. Poverty and Population[R]. American Economic Review, 1983(02).

［33］World Bank. China Strategies for Reducing Poverty in the 1990s[R]. Report No. 10409-CIIA, 1990.

［34］World Bank. Implementing the World Bank's Stratey to Reduce Poverty[R]. Progress and Challenges, Washington DC: World Bank, 1993.